U0127996

贛文化通典

—— 古文卷　第三冊

目錄

第一篇　　唐及唐以前的古文

第二篇　兩宋江西古文

第三篇　元代江西古文

第四篇　明代江西古文

第五篇 清代江西古文

第六篇　近代江西古文

第五篇 —— 清代江西古文

緒論

隨著清兵的鐵蹄入主中原，華夏民族淪為異族統治的序幕再次被拉開。這種轉變對於正統思想根深蒂固的儒林之士來說，無疑是莫大的恥辱。出於本能的反感，漢族文人從思想和行為都表現出極大的不合作態度。作為唐宋古文運動主力後代的江西古文家，懷著對先輩開創的輝煌難以釋懷的心態，融入到清代的散文創作大軍中，展現出了異族統治下文人的獨特風采。

江西散文創作在整個清代江西文學創作中占有重要地位。清代江西古文創作大致可以分為兩個階段：清代前期和清代中葉。前期以遺民作家的創作為主，代表作家有：魏禧、王猷定、賀貽孫，並形成了以陳宏緒、徐世溥為代表的豫章文派，以魏禧為代表的易堂諸子。遺民作家的散文創作在內容上多寫明末殉國志節之士的事蹟，蘊含著深沉的亡國苦痛，流露出亡國民族不甘臣服的慷慨意氣，大力提倡發揮義理、關係世道的詩文，強調「文以載道」，繼承唐宋古文的傳統，延續了唐宋以來封建正統文人所共同尊奉的文學創作準則，同時也順應了清王朝文化政策的基本導向。清代中葉，隨著清朝政權的全面鞏固，江西散文創作中的正統傾向體現得更為突出，並且還形成了一個桐城文派的支流，即以魯九皋、鄒夢蓮、陳用光、吳嘉賓、陳方海為代表的贛派，與其他的桐城支派遙相呼應，在湘、粵、蘇一帶形成一定的格局。

清代江西古文創作的成就雖然遠不及宋代，但作家作品的數量和品質均高於明代。特別是清代前期是江西散文史上最有成就

的一個階段。此時期統治者為了鞏固統治採取了一些懷柔政策，文人的創作環境相對寬鬆，文人創作大多懷著對異族統治的排斥和對大漢民族的懷念。如：豫章諸子在明末文社中早就嶄露頭角，有的還參加過挽救明朝危亡的鬥爭，他們入清後都以遺民的身份關注民生，以平正通達的文筆記錄社會的變遷，留下不少情文並茂的佳作。易堂諸子這種在經歷了改朝換代的滄桑巨變，自覺放棄絕讀書做官的希望，拋棄時文，專注於古文，講求經世致用的學問，以期有益於世道人心的散文創作，代表了清代前期江西文人以關心國計民生的精神，為清代散文史的發展作出自己的最大貢獻。

江西古文到了康熙後期，出現很多新動態。康熙後期，整個社會統治之術漸趨嚴酷，政治氣候、學術風氣都發生了很大變化，隨著文網逐漸嚴密，清代中期文壇上桐城派古文興起並風行天下，向來古文風氣濃厚的江西古文自然地接受了桐城古文的影響。特別是在新城（黎川）一帶，以魯九皋、陳用光為代表的一批作家，積極接受、宣傳桐城派的理論並以此指導創作，於是便有了「天下古文在桐城，江右古文在新城」說。與前期作家個性突出相比，此時期的創作思想比較保守，文風趨於質樸平實而稍遜文采。清代中葉還出現了兩個較有文采的駢文作家，即曾燠和樂鈞，此二人文才情韻豐富，其影響和意義超過了此時期的散文。清代中期的江西古文創作無論在思想還是文風上都不如清代前期作家的成就高。

第一章

清代前期江西古文

　　清代前期，江西散文出現了兩個較有規模的創作群體：明末清初的豫章社諸子和以寧都易堂九子為中心的易堂諸子。在這兩大群體之外還有鄭日奎和梁份較有影響。此時期的成就雖然不及宋代，但作家作品的數量和品質均高於明代，是清代江西散文史上最有成就的一個階段。

　　清代前期，統治者為了鞏固統治採取了一些懷柔政策，文人的創作環境相對寬鬆，此時期的文人創作大多懷著對異族統治的排斥和對大漢民族的懷念進行創作。豫章諸子在明末文社中早就嶄露頭角，有的還參加過挽救明朝危亡的鬥爭，入清後以遺民的身份關注民生，以平正通達的文筆記錄社會的變遷，留下不少情文並茂的佳作。易堂諸子在經歷了改朝換代的滄桑巨變，他們自覺棄絕讀書做官的希望，拋棄時文專注於古文，講求經世致用的學問，以期有益於世道人心。清代前期的江西文人以關心國計民生的精神和優美流暢的文筆，為清代散文史的發展作出自己的最大貢獻。

第一節 ▶ 豫章文派

所謂豫章文派是指在明代末年曾經參加過艾南英等人組織的豫章文社活動的作家。他們中散文創作成就較高的是王猷定、賀貽孫、徐世溥、陳宏緒等。

一、開清初風氣之先的王猷定

王猷定（1599-1662），字於一，號軫石，南昌人。清初卓有成就的散文作家，並工詩善書。出身在一個正直的官僚家庭。祖、父輩科名顯達。韓程愈《王猷定傳》說，祖父王希烈是嘉靖己丑（1529）進士，任過禮部侍郎。父親王時熙，萬曆辛丑（1601）進士，曾任昆山縣令、侍御史、大僕寺少卿等職。

王猷定的前半生是在宦家公子的悠閒生活中度過，李元度撰《王于一先生事略》云：「為人倜儻自豪，少時馳騁聲伎、狗馬、陸博、神仙、迂怪之事，無所不好，故產為之傾。」但猷定後半生很不幸，明末李自成農民起義和清兵入關，國運家運每況愈下。首先是崇禎末年父親死，接著妻子去世，姻親袁繼咸又在清兵南下時死節，女婿亦在兵亂中喪生。此後自壯至老，連喪妻妾四人，繼室分娩後母子雙亡，雪上加霜的是家境衰敗到靠典當度日。王猷定遭受接二連三的打擊，其悲慘可想而知，「一生鹽面常餘淚」（《黃葉篇》小引）。有一次王猷定竟從市上買回自家賣出去的書幾，不禁感歎道：「曾住朱門又蓽門，到頭一著總銷魂。老夫無淚談興廢，驗取尊前舊拭痕。」（《市上購得書幾故家物得絕句三首》之三）王猷定在死前幾年流落揚州、杭州等

地，最後死在杭州，死後家無餘糧，無錢棺殮，經友人集資，方由其子扶柩回鄉。

出身於仕宦之家的王猷定希望通過進士走上仕途，這原本就是極為自然的事情，但事實上，王猷定終其一生只是一個拔貢。後來雖有一個做官機會，南明弘光朝，他的姻親袁繼咸總督江西、湖廣、應天、安慶軍務，上疏薦他出仕，但王猷定上書千言，堅辭不受。韓程愈的《王猷定傳》云：「出入必隨太僕公，與客講良知之學，於一咸侍側，則能執筆記其語，及長，一目十行下，無書不讀，視金紫如拾地芥。」

王猷定的一生只在迎立福王建南明政權的史可法軍中作過記室參軍，寫了「情文動一時」的迎立福王的檄文。究其因主要是王猷定「酷嗜兩漢八家之文」，「唯以古人為事」，對應試的八股文不感興趣，因此科場困頓，加上對仕途漠然，對世事失望，入仕在王猷定看來也就成了羈絆與違心之舉了。王猷定對當時盛行的「代聖賢立言」的八股取士制度不滿，認為培養出來的是「不知堯舜周孔之為何事」（《滄台講疏序》）的無用人才。王猷定覺得醉心功名，不只是一個心境不淡泊的問題，而是一個妨礙視野、拘束胸襟的問題，「苟以功名繫其心，焉能高視千古，垂竹帛於無疆哉！」（《馬制台予告還朝序》）入清之後堅定不仕，流浪以終。著有《四照堂集》，文十二卷，詩四卷。

王猷定雖然半生飄泊，落拓江湖，但在當時的文人學者中名聲很響，友人的評價甚高，本人也頗以詩古文自負。同鄉康範生《與周減齋論王於一古文》云：「自喪亂以來，高明之士，救死不暇，遑事筆墨，後來之俊，又無所師承。以意求合，學歐曾而

氣索步蹇。摩晉魏而膚腴神枯，遂至兩失，無復一是。得於一出，毅然以大家為法，而其才其學，又足以副之，真可謂救時之具矣。」另一同鄉陳孝逸《寄王於一》云：「父友盡矣，突見於一之面，尚有典型也。別去不敢時思耳，思社翁未嘗不思於皇也。念此一二老成，巍然於天傾地缺、滄桑改易之後，甚慰甚慰。」周亮工評價：「於一好讀書為詩，尤工古文詞，偶有所得，激鬱纏綿、瀏灕渾脫，取抒己意而止。」(《王於一遺稿序》)當時的名人也給予了王較高的評價。黃宗羲的《思舊錄》「王猷定」條云：「其文如《湯琵琶傳》、《李一足傳》、《寒碧琴記》，亦近日之錚錚者。」錢謙益評價云：「足下學殖富，筆力強」。此二人作為當時極富聲譽的學者能如此評價，可見於一的文學創作在當時的影響。著名學者、音韻學家毛先舒對王猷定也十分尊重，稱他為「高行君子」，把自己所刻十篇文章送其審正，並說：「仰希覽觀，幸片辭高下，以明其可教與不可教。」(《與王軫石書》)毛母死後，毛先舒又請王猷定為母作傳《毛母許孺人傳》。王猷定去世前寓居杭州，按察使宋琬也對他非常器重，允許其出入官署和府第，可以「晨夕出入，不限時刻」(韓程愈《白松樓集略》)，可見當時士林對他的尊重。李元度的《王于一先生事略》云：「為文多鬱勃，如殷雷未奮，又如奔崖壓樹，枒槎盤礴，旁枝得隙，突然干霄。書法亦重一時。自明季公安、竟陵之說盛行，文體日瑣碎，先生與新建陳士業、徐巨源、歐陽憲萬輩，均能獨開風氣。」指出猷定的散文在清初自出機杼，別開生面。清初的散文，或囿於唐宋古文，以致呆板枯燥，或受公安，竟陵末流影響，而流於空疏瑣細。猷定不為時風所左右，他的作

品以新穎的內容、獨特的手法，一新文壇耳目。

王猷定為文，以古人為標的。「旅寓江淮，鬻文自給。有以志傳金石之文來請者，必擇其事之徵信可傳、與人之可言者而後為之。為文取裁《左》、《國》，規範大家；至其自出機軸，激鬱纏綿，瀏漓渾脫。未嘗輕為人屬筆，人有所求，間應之，不可迫以時日，俟其意與興會，胥屬而後兔起鶻落，一決而就。故意之所至，滔滔汨汨，雖揮灑累夕，不見其竭；意所不至，不復強為，甚有經歲不成一字者。」（周亮工《王于一遺稿序》）王猷定為文，不以致用為宗旨，即使在寫傳記文時也非常講究作者的真情實感，實乃以性情作文之人。猷定對於為文，曾有專論《與友論文書》云：

　　頃辱足下書，示僕以今之為文者如漢淮南云：『芻狗土龍之始成，文以青黃，冒以綺秀、屍祝均袨，大夫端冕以迎送之。及其已成之後，則壤土剗草而已矣。始信文以氣為主，古人豈欺我哉！嗚呼，子可謂知文者矣！然知其一，未知其二也。夫秦阿房之高且廣也，魯靈光之巋且煥也，臨春、結綺之侈麗也，揚子之亭、葛氏之廬之幽且闃也，亦甚不同，乃其為之也，楹簷榱桷，則無不同也。故耳目四肢皆具，始可以為人；根莖枝葉皆備，始可以為木也。然則辭固有體，而氣乃行於體之中者也。古人之為是言也，有所兼而言之，後人泥其言而不察，亦已過矣。……夫體何自出？理而已矣。張文潛曰：「理勝者文不期工而工，理愧者巧為塗澤而陳間百出」。此猶兩人持牒而訟，直者操筆累累，讀之

如破竹橫斜反覆，自中節目；曲者雖使征詞於子貢，問字於揚玄，其何益之有！故氣之克，克於立體。而體之所急，急於明理。仁義中正之旨，理亂得失之林，灼然見其本末。而後靜虛以澄之，精明以致之，優柔以畜之，廣博以貫之，範古以弘之，峻潔以行之，宛轉以暢之。有承蜩之專，有貫蝨之巧，有解牛之神，故天下見其言，望而可畏，究而不可測，隱然長江大河，一泄千里，……豈非體具而氣足哉！

在王猷定看來，文章是有體有氣的。但他贊成以「理」為主，而不「以氣為主」。王猷定論文雖然不講「以氣為主」，但實際上他的文章卻是極富「氣」的。他的一篇言理之文《觀道說》，看似言理，而實以氣勝：

　　……一日，閻子問道於余，余獨笑而不言。閻子問而疑，既而爽然以解。甚矣閻子之可與言也。夫人終日言詩言文言山川及古今人物，自以為得矣，而不言者竊笑之。何則？未有明其故者也……

　　余十餘年來求天下之可與言者百不得一二，原其故，見暗而不見明，見一隅而不見周行也。居嘗譬之，夫人目之所及不百里，而天地之際合及至百里以迄千萬里，未嘗合也，其去之乃愈遠。使瞑目而觀之，而天地之無窮，皆得至於目前。知此則可以言，可以不言。

　　十月，閻子將徙居。居有樓，廣可數武。樓之外，高城湖水，煙嵐草木，紛錯交峙。閻子讀書其中，將欲為詩歌古

文，窮山川之幽勝，上下古今人物提衡於方寸之間，得志不以為快，失志不以為，內照無形，外觀有象，吾不知其有合焉否。臨行謂之曰：「吾向者笑而不言，自今以往，予將笑我矣，子益勉之！」題曰：「觀道」，用宗少文語也，作《觀道說》。

這是一篇贈序，題目似是論說，實際是贈序。其中有「放言」、有「寓言」、亦有「不能言」者。委婉曲折，周亮工稱其文「激鬱纏綿」。

為什麼王猷定在易代之際既主張「文以理為主」而又「氣勝」呢？一方面與他「性狂放，好奇誕」的個性有關，另一方面與他時刻懷著家國之悲和對民族沉淪的憂患有密切關係。王猷定追思故國，盼望復興，尋求正義，同情抗清義士，凡是有利於振興民族的事，他都是感慨深沉。其情其感在《宋遺民廣錄序》中深切道出：「天之生此遺民也，殺戮之所不能及，璽書征辟之所不能移」，「天能亡宋於溺海之君相，而不能亡宋於天下之人心。蓋至終元之世，高隱不仕之風，未嘗少絕，則是古帝王相傳至宋之天，迄元末未嘗亡也」。猷定還因南宋抗元將領金應墓改葬，而作《改葬宋金將軍墓碑》，高度讚美文天祥與金應：「天留宋室苟不忘，將軍留骨在沙場。豈知渡海人亦滅，柴市雪窖兩茫茫」，「冬青陵上近如何？杜鵑猶叫舊山河，將軍魂魄渡滄海，鼙鼓聲銷讀此歌。嗚乎！將軍樹死將軍不死，後代誰為傳青史。狼山之上青青天，狼山之下悠悠水」，並高呼「神州不至陸沉」矣。可見猷定對易代的解說非常強調民族意識與遺民的精神鬥

志，他的這種凜然正氣為眾遺民所傳誦。

綜觀王猷定的創作，詩歌成就不高，最見功力的是散文。《國朝詩人征略》只從他的三首詩中摘錄六句，而在乾隆六十年刊刻的《國朝二十四家文鈔》所選自順治至乾隆二十四家文，王猷定為第一家，選文十三篇，比顧炎武入選的文章多。王猷定的散文，兼有序、傳、書、記、碑銘、祭文、論說、題跋等多種，而以序、傳數量居多，約占散文總數的三分之一。但不管數量的多寡和體例的差異，都表現出一種對現實生活的深切關注。作者的意向不在於張揚自我，而在於反映易代之際的社會現狀。他的筆力集中在四個方面：一是寫為國殉難的抗清志士；二是寫不慕名利、品格高尚的士人；三是寫生活中的奇人異事；四是寫司法制度的黑暗。

寫為國殉難的抗清志士，作者雖未正面描摹當時抗清的頭面人物，但他真實地描摹了下層官吏和普通百姓。如《錢烈女墓誌銘》即是寫揚州城破時錢氏女與城共存亡的壯舉，其狀十分慘烈。在給人物立傳的同時往往又將清兵入侵的歷史事實翔實地予以記載，如《錢卜兩烈女別紀》，其文如下：

　　乙酉四月二十五日，揚州破。先一夕，錢公坐庭前達曙，聞八十三炮聲，出視，一炮穿城，遇人有執飲食者著其身去半，復穿牆數重。公又急更衣坐，忽有縞衣二人，各長五寸許，躍而前，倏騰公膝上。公驚，以袂拂之，墮地，復騰而上。又拂之，躍之積薪中，遂不見。時城破，外歡甚，公倉皇出，以人頭懸鄰舍門，近視無有。是日下令屠城。越

三日，鄰舍果懸一頭，而烈女及卞氏女死。其後人以為二縞衣者疑即二烈女生魂云。袈裟石頭王猷定記。

此文記的是烈女之死，實寫揚州之屠，揚州之屠凡十日，其事慘不勝書，這裡卻只言鬼魂之事。從「是日下令屠城」，到「烈女及卞氏女死」，中間只見「鄰舍果懸一頭」，而不著屠殺痕跡。

寫不慕名利、品格高尚士人的作品主要是詩序和贈序，這方面作品數量最多，約有三十八篇。按照常理，詩序主要是談詩的創作，贈序主要是送別之類的應酬。但作者打破固有模式，重點寫人，寫該人的思想品格：或清廉自守，或高風亮節，或不逐時俗等種種風貌。在作者看來，只要值得推崇的，便一一加以張揚，並把自己的評判夾雜其間，如《馬制台予告還朝序》、《送魏雪竇序》、《送孫無言歸歙序》、《壽司理武公序》等都是這類作品。

寫司法制度的黑暗，只有一篇《浙江按察司獄記》。此文寫於順治四年（1647 年），是據朋友蹲監獄的見聞寫成的，其中寫獄吏的違法和監獄的慘狀有這樣的記載：

浙江按察司，故宋岳忠武第宅也。在司左，相傳萬俟卨承秦檜意旨置此以禁岳忠武者。……

丁亥余友朱子以事系獄。久之得釋，為余言：

天下之獄，未有慘於此者。始入獄，卒導罪人至獄司前索金。故事：罪人入見獄吏，無輕重，皆輸金，卒如之。又

推罪人有資為牢頭者主進焉，而後掠其私，謂之常例錢。金多者雖重罪處淨室，或自構精舍以居。否，置一獄名套監，周遭樹木柵，地穢濕，覆以腐草。鬱蒸之氣是生惡蟲。罪人械而入，卒持其兩手繫柵上，使不得便。須臾，蟲觸人氣，百千攢集人體，自耳鼻緣入衣械，凡屬有竅，蟲滿其中。經晝夜，雖壯夫生者什不得一二。⋯⋯折而下，一徑黝黑盤曲深坳，突有石門，犴狴司之。門堅重，啟之，聲似吼。陰風颯颯從內出。炎暑當之股栗。中多積屍，臭達門以外。罪人既入，獄卒閉兩門。邏者僅存一竇通勺糜。白晝鬼鳴鳴狰獰立人前。強有力者與之角，眾鬼來，人力不勝則立斃。

庚子萊陽宋公荔裳分守浙東，余適遊會稽，以此告之。⋯⋯

這雖是作者據傳聞而作的記述，而非作者親身經歷，但僅以這樣的記載已叫人觸目驚心。中國的牢獄，尤其明代以來的詔獄，無非人間地獄，其中所言白晝之鬼，似屬玄虛，實則人而鬼者更屬於鬼。

王猷定的散文還滲透著熾烈的情感，愛、恨、歡、憂有明顯的軌跡。儘管他主張「文以理為主」，對道統的回歸和在回歸中求新變。但他的散文感情深沉而強烈，不僅寫抗清鬥爭的英雄志士、節女烈婦的文章「文多鬱勃，如殷雷未奮」（《明遺民錄》孫靜庵編），即使記與友人的交往也顯得情真意切、婉轉迴蕩。如《祭萬年少文》：「嗚呼，君死矣！夫君死，入吾夢者三焉。」文章開頭便說死者在夢中經常出現，以示相交相念之深，而後回

顧與萬的親切交往，感歎上天奪去他的生命，「所可傷者，吾儕老人生無井里丘壑之樂，而又畏見後來功名之人。惟是二三遺老相與談洪荒海外之事，以送餘年，而今並奪之去，使人寂然如日行陰雪中，仰視蒼天謂之何哉！」最後不言萬死之可悲，而說上蒼奪去了自己的歡樂與希望，可謂神來之筆，把作者的哀傷寫得淋漓盡致，《祭李觀生文》也是如此。

王猷定寫情文章中最為別致的是《閒情閣記》。這篇亭閣記，不是記現實中實實在在的亭閣，而是心靈上幻想的亭閣，作者以愛陶淵明《閒情賦》為由構想出閒情閣而為之記，但記中又並未記閣的具體狀況，而在「情」字上著力發揮：

> 軫石子老而篤於情，放逐江湖之上，站站若孤鳶，飲啄一聽於天。或竟日不得食，未嘗輟乎情也。生平慕淵明之為人，尤愛《閒情》賦，欲築小室名之。然且未能，而姑為之記曰：
>
> 夫人未有無情者也，人百其情，要皆止於兩端。利福者天之所以私眾人，而智福之人不與焉。是兩者交相仇，而忙與閒亦隨之以畢世。彼故各有權焉。至尊而不爭，性情主之，即天不能與之抗，至死而各不相悔也。今天賜我以貧，故吾於世也如行虛空，偶有所觸，一往而深，雖周、孔、仙佛不能以旁撓吾情。然其中虛止蕭寂，無一切塵垢染著其間也。至矣，閣之中無一物，登斯閣者不一二人，以是。客有笑之者曰：「子方求道，盍去其情而可乎？」軫石子曰：「子欲求道，是大妄想。謹閉吾閣，謝勿入。」

文章開頭說：「軫石子老而篤於情」，放逐江湖之上，「未嘗輟乎情也」，表示自己是有情之人。而後指出情有互相抗衡的兩種，而自己堅守性情：「偶有所觸，一往而深，雖周、孔、仙佛不能以旁撓吾情」，最後以謝絕僅僅「求道」的人入閣而作結。顯然王猷定的用意不是寫閣，而是借閣而寫情，是本人對情的自我表白。他在《喬簡襄詩序》中也曾明白表示過類似的思想，認為喬詩有一股不可移異之情，「不可已者山川所不能阻，劍戟所不能奪，謠琢排擊所不能撓亂。何者？水濕火躁，天地之經，雖沸鼎浴淵而性終不變也。」情是不可少的，也是不可阻擋的，王猷定的這種寫法在歷來的亭、台、樓、閣諸記中別具一格。

王猷定最具魅力的是記奇人異事的傳記，寫生活中的奇人異事，也是王猷定最具特色的作品。傳記文發展到明末表現出兩個明顯的特徵：一是寫時人，以記眼前熟悉的人物居多；二是以小說筆法入文。王猷定不僅同樣具有以上兩點，而且還顯示了他的獨特目光，那就是不寫當時的名人名事，而寫市井小民的奇情異舉或傳聞中的怪異。唐宋古文的傳統是傳記文一般應寫社會賢達、文化名人、本人經歷或重要社會事件，對於里巷傳聞是不屑的，而王猷定恰恰對此感興趣，並且創作出像《湯琵琶傳》、《李一足傳》、《義虎記》等都有名的作品。

《湯琵琶傳》寫藝人湯應曾琴藝高超和終生零落的悲哀，《李一足傳》寫為父報仇的經過，充滿歷險和浪漫情調，《義虎記》寫人獸相通，互相救助的故事。這些奇異怪誕的事件，在傳統的古文裡當然是少見的，因而招來很多非議。與朱彝尊齊名的李良

年在《秋錦山房集》中說：「於一文章在人口，暮年蕭瑟轉欷
歔。『琵琶』『一足』荒唐甚，留補《齊諧》志怪書。」《國朝二
十四家文鈔》在肯定傳、序文的同時，對這類傳奇性散文也說：
「屬諧體文字，均非雅制，不足存也。」在他們眼裡，這類文章
不算古文正宗，其實這是一種偏見和誤解。因為：

　　首先，生活中所謂怪、異，只是從不同角度看法不同而已。
與其說存在著怪異生活方式和怪異的人，不如說存在著不同生活
方式和不同的人。只有從這樣的角度去理解，怪異的觀念才會淡
化或消失，否則將永遠視異於習見的人和事為另類，那生活將失
去很多色彩；其次，寫作題材應是多樣化。傳記文既可以寫常見
的人和事，也可寫少見的人和事，題材本身沒有什麼高低之分，
王猷定眼光轉移正是他拓寬古文寫作領域的表現；再次、王猷定
寫怪異，並未單純停留在追異獵奇，而是緊密聯繫現實，透過奇
人異事，提出社會問題。如《義虎記》雖寫怪誕，但王猷定所強
調的是人要通情達義，該文篇末讚語說：「世往往以殺人之事歸
獄猛獸，聞義虎之說，其亦知所愧哉。」顯然，作者所要求的是
人與人之間要寬容、理解和親近。《湯琵琶傳》所寫綽號「湯琵
琶」的藝人湯應曾琴藝精湛而終生流落的事，實際也寄寓自己半
生零落的悲哀，文章結尾說：「嗚呼！世之淪落不偶，而歎息於
知音之寡者，獨君也乎哉！」很顯然，王猷定寫湯琵琶實際上是
寫自己。正是由於立足於現實，所以王猷定所寫的怪異均能顯示
出旺盛的生命力。更何況王猷定以小說筆法融入散文創作的時
候，大力打破傳統古文以敘述和議論為主的固有模式，而代之以
精當細緻的描摹。如《湯琵琶傳》寫湯應曾擅古調百十餘曲：

　　當其兩軍決戰時，聲動天地，瓦屋欲飛墜。徐而察之，有金聲、鼓聲、劍弩聲、人馬辟易聲。……至烏江，有項王自刎聲，餘騎蹂踐爭項王聲，使聞者始而奮，既而怒，終而涕泣之。

　　「尤得意於楚漢一曲」，即世稱「十面埋伏」，令聞者始奮既恐、終涕淚之，靈巧的筆墨使人想起韓愈的《聽穎師彈琴》和白居易的《琵琶行》，這種繪聲繪色的描摹只有稍後的侯方域可與之頡頏。

　　王猷定的散文中還有一些壽序、募疏、碑文、題跋之類的應用文，前三種沒有什麼價值，而題跋之文中，《題明宣宗畫冊》是一篇佳作。題跋是一種後起的文章形式，盛行於宋元，尤其是北宋，頗多精品。這類文字或考訂、或品評、或議論、或借此言情，內容多樣。王猷定此文兼有多種內容，文章先寫人品，次寫畫評，再發慨歎，前後連貫，集評論、鑒賞、抒情於一爐。其中寫人品的一段最精彩：

　　自古帝王以書法傳者多矣，工於畫者推宋徽宗一人。然青城而後，委神器於草莽，魂羈雪窖，而傳伎人間，亦足悲矣。獨明宣宗章皇帝英武天縱。當在青宮時，從文皇帝北征，習知兵略，迨禦極十載，巡邊武者四焉。石門遇敵，以三千鐵騎，躬履戎陣，何其壯也？高煦之亂，將師縮朒，涕泣不敢戰；上親率三軍，兵不血刃而大難以夷，此豈尋常之君也哉？繪事其餘伎耳，而已非專家老畫師所能及。

此冊為菊溪先生家藏，一展閱間，山川草木蟲魚，飛走腕下，真與造化爭氣運，非慌氏之業也。余嘗怪章皇帝時際升平，與宰相諸臣宴飲太液池，染翰賦詩為樂，庶幾《鹿鳴》《天保》之盛歟？至景星畫見於天門，麒麟屢獻於海外，而壽命不及庸主之半。唯是范金搏土一切制器出宣廟者，輒與商周彝鼎爭重，此其故何也？

　　先生謂余：茲冊購之荒崖蔓草中。倏失而復得之。此可以知天意矣。當徽、宗時，內府書畫悉歸於北，而先生此冊獨自北而南。然則帝王所遭，即一物之微，亦有幸不幸歟？先生其寶而藏之，俟景星見，麒麟生，出以示人可也！

　　這是一篇不同尋常的題跋文字。王猷定在此文中對宣宗的人品和畫品由衷讚歎，評價簡要而突出，恰如其分，歷代帝王可值得稱道的本來就少，明宣宗朱瞻基雖有可稱之處，但是能對帝王做理性評價，實屬難得。

　　綜觀王猷定的散文，學古而又不泥古，氣勢磅礴，感情充沛，描寫細緻，關注現實，有明顯的歷史特徵。正如毛先舒所說《書王于一文後》：「風格既古而感慨淋漓，開合頓挫，極文章高妙。」也許毛氏的話有些偏好，但王猷定在清代初期散文的發展過程中其意義確實不可小覷。他比清初散文三大家最年長的侯方域大十九歲，比魏禧、汪琬大二十五歲。就學者群來說，比黃宗羲大十一歲，比顧炎武大十四歲，比王夫之大二十歲，比傅山、歸莊等次要人物也大十歲上下，替他編詩文集的周亮工也比他小十三歲，從這一角度看，王猷定在清初散文發展中，應是首開寫

實文風的人物。

二、匡時救世的賀貽孫

　　賀貽孫（1606-1689年），字子翼，號水田居士，永新縣人，明末清初文學家。賀貽孫生活於明末清初的動亂時期，他在《〈激書〉‧序》中說：「自壯至老，遭逢亂離，出生入死，習於人事之險，如沒人操舟，無時不在風波震盪之中。」明崇禎時，賀貽孫與萬茂先、陳宏緒、徐世溥、曾堯臣等文人結社於豫章（今南昌）。明末避亂逃入山中，致力於研讀古籍和寫作，著作日益繁富。入清後，拒絕徵召舉薦，剪髮衣緇，結茅深山，專心從事詩文創作與經史研究。康熙年間巡按御史下書徵他，他愁苦地說：「吾逃世而不逃名，名之累人實甚。吾將從此逝矣！」削髮入山為僧，與高僧羽士往來，過著貧賤的生活。賀貽孫一生著作廣涉經史詩文，有《易觸》、《詩觸》、《史論》、《詩筏》、《騷筏》、《激書》、《水田居詩文集》及《浮玉館藏稿》等，其中有的是研究經籍的著作，有的是文藝評論，有的是詩詞散文作品。

　　貽孫在文學理論批評方面有深刻的見解，為文學批評的發展作出重要貢獻，他特別強調文學要表達作者的悲憤與不平。他在告誡他的兒子應當如何學詩時，曾說他自己的詩歌創作價值處，即在於「時值國變，三災並起，百憂咸集，饑寒流離，逼出性靈，方能自立常奧。永叔所謂窮而後工者，其在此時乎？」（《示兒》）他堅決反對作應酬詩文，認為那是「役我性靈，充人筐籃，委文心於糞穢，視老身如賤傭」（《戒作應酬謝詩文啟》），是最沒出息的。他說他自己在「喪亂之後，餘詩多哀怨之旨」，

「以哭為歌」（《自書近詩後》）。他反對明代復古模擬之風，主張繼承公安派的獨抒性靈，要求創作中描寫真性情，但又批評公安派詩歌創作缺乏深刻社會內容，流於膚淺的弊病，這在當時是很有進步意義的。賀貽孫還「深求古人精神之所存」，對古人「悟入」，「有言之言」與「無言之言」，平與奇，碎與整，繁與簡等關係進行論述。

　　賀貽孫在文學創作上頗有成就，尤其擅寫散文。其散文長於論事，也善寫景狀物。陳宏緒甚至高度評價賀貽孫散文長於論事，稱之為「王荊公、顧涇陽之匹偶」（《石莊初集·賀子翼制藝序》）。長於敘事的代表作有《譚烈婦八磚記》、《忠義潭記》、《崇禎甲申為永新漕米新派上三院兩司啟》等，《譚烈婦八磚記》敘述譚烈婦在公婆、丈夫和兒子都慘遭殺害之後，面對元兵的屠刀，堅貞不屈，英勇就義，血流學宮聖殿八磚，歷三朝四百餘年，石磨火煨、墁以灰石而不可磨滅的故事。狀物的代表作有：《遊梅田洞記》、《垂花岩仙洞記》等。《垂花岩仙洞記》寫物，用各種不同的比喻把洞中諸石的形狀寫得極為生動形象，可見可感，栩栩如生。人物傳記對人物的風韻描寫尤其神似，代表作有《王女傳》、《賀氏二天隱傳》等。《王女傳》寫奉新女子王小霞的故事，極寫其過人的智慧和見識，而對其美人風韻的描寫尤其動人：「女午夢方起，未及掠髮，披杏紅小衫，舉扇障目，拍侍婢肩立桃花下。花承日影，風送衣香，揮扇一顧，頰色桃花並豔，風韻欲流。」《賀氏二天隱傳》讚揚永新賀氏家族中兩位自食其力「貧賤而無負於人的隱士」，後來吳敬梓小說《儒林外史》中的市井奇人與此類似。賀貽孫散文中的傳記不多，所寫多為下

層人物。

　　《激書》是賀貽孫的散文專集，是賀貽孫晚年的政論著作。所謂「激書」，賀貽孫自云：「近著一書，其志近恬，其氣近暢，其文辭近忠厚而惻怛。」「初未嘗有鬱怨之意，然以餘自揆之，非備嘗鬱且怨之曲折，必不能蓄此恬暢之志氣，非熟經風波震盪之變態，必不會為此忠厚惻怛之文辭。猶之泛舟禾川，非舟從水石相激而出，不知瀨與瀧灘所怒凌者即此安瀾之水也。」「書篇頗繁，為兵火毀其大半，僅存四十一篇，名曰《激書》。」

　　全書四十一篇，比較集中地代表了賀貽孫晚年議論文的思想和文風。其內容較豐富，有敘時事，有記史實，有引典故，或編寓言借題發揮，均體現了作者對社會、政治、學術、人生的精湛見解。《四庫提要》指出：「所述借憤世嫉俗之談，多證以近事，或舉古事易其姓名，藉以立議，若《太平廣記》貴公子煉炭之類，或因古語而推闡之，如蘇軾、孟德事之類。」作者的用意立足現實，立意於經國安邦，警世化俗，被後人視為治國策與勸世書。其創作宗旨就如《葉擎霄序》所云：「借名物以寄興，紀逸事以垂勸。」《賀雲龍跋激書目錄》所揭示的：「每借小事闡發聖賢至理，以維世道人心」，賀貽孫要以一人之努力，喚起人心的感應，激起乾坤之變，「從風波震盪中激之而成耳，激之而其才始老，激之而其知始沉，激之而其學問思辨始資深而逢源。激之為用，能使人暢者鬱，亦能使鬱者反暢，能使人恬者怨，亦能使人怨者反恬」。

　　《激書》四十一篇大體可分四大部分，形成一個完整的匡時救世的政治倫理思想體系。

第一類論政之文。全書四十一篇中，與政論有關的十一篇。

《規猛》篇寫的是己酉（康熙八年）秋作者隱居秋山，耳聞目睹了王肥射虎，由此揭露苛政猛於虎的現實：「秋山者，虎之都會也。」「往者鑿山跨峽，負險而居者三百餘家，狂藁睢盱，人虎相習，各自保避，不相殺害。」「貪虐之吏，裹足弗前，使斯民岩耕溪飲、暖衣飽食而無患。」「自肥射虎，斬林掃洞，蕩為坦衢，往來行旅無復虎患，於是營將之剔括者歲至焉，巡尉之掊克者月至焉，暴胥挾官勢為奸利、悍卒怙兵威為籍惘者日至焉。山家所有雞豚布粟，杉楠竹柏，茗菌麻葛，不奪不饜，榜掠饑寒之民，抽其筋而煎其膏，如之何而死者不枕籍，逃者不趾接也。今之二三遺民乃道殣之孤孽耳。其虎者，秋山之防，而窮民之衛也；肥也，撤防去衛，自禍其家以及比鄰，至此極矣。」這篇散文發揮了孔子「苛政猛於虎」的思想，為我們大家虛構了一個故事，人與虎互相依存。文章用比較的方法，寫秋山虎現，「虎創」們竟不肯殺虎，因為面對貪得無厭的官府和縉紳豪右，老虎還可以阻止他們的侵害。在與老虎和平共處的時代，百姓尚且可以相安無事地過著寧靜的日子，而當老虎被大量地獵殺後，山民們卻無以聊生，相率逃亡。兩相對比，真是「虎之為德於秋山者大矣」，苛政之為害於斯民者更大矣。

《生聚》篇寫的是明朝天啟、崇禎年間「國有大紲」，天子搜括民財，並由此提出「財可生而不可聚」的主張。「夫財可生而不可聚也」，「聚民財，絕民生」，「聚財則壅，生財則通；通則財盈，壅則財匱」，「心計小術貪酷之徒，治其流而不浚其源，竭其末而不固其本。知富國之為生，而不知富民之為生也；知加

賦之為生，而不知減賦之為生也；知持籌貴券之為生，而不知經制畫一量入為出之為生也。」「聚之不可為生，猶壅之不可為通、匱之.不可為盈也。」「古今生財之說甚繁，然其大端，不過有三：上者以不聚為生，其次以生為聚，最下者以聚為生。」「財生於下，財不待上聚而生氣自蒸於上，上下交生則國計民用不言富而自富。」「政之治亂，將於是觀；民之利病，將於是驗；國之存亡，將於是征。」「知聚於上而不知生於下，遂使民命盡而不優，國事壞而不悟，至於大勢既去，而掊克攘奪猶不自已。」文章仍然針對當時的苛政賦稅過重、民不聊生的現象提出了真知灼見，直言這是「割肉以適口，燔炙其皮面肢體以自實其腸胃也」，無異於「傷生之道」。文章詳盡地闡述了保民對統治者乃至國家的重要性和必要性，用河川只可疏而不可堵的道理類比，形象生動，富有極強的說服力。

第二類論「貪」之文。針對種種社會問題，賀貽孫認為根源是「貪」！貪是萬惡之源，是敗壞社會的腐蝕劑。《激文》中有七篇，從不同角度勸人戒貪、防貪、忌貪、倡廉、守貧。《原病》篇揭露：「今天下之人皆病也，其原在欲多而識寡，各相迷瞀。」「欲多則智昏，智昏者溺於私而蔽於公。」「識寡則神濁，神濁者狃所同而怪所獨。」所以他提倡多識寡欲。

《儆貪》篇以貪與廉相對立論，文章指出：「古今而知貪者之得不如廉者之得也。貪者以得利為寶，廉者以得名為寶。既而名之所集，利亦歸焉；名之所去，利亦亡焉。於是貪者不崇朝而喪二寶，廉者不崇朝而得二寶矣。」賀貽孫列舉商人、官吏以至天子「廉至富、貪歸貧」的歷史事實，論證儆貪之理，結論是：

「廉者常明，貪者常暗；廉者常見有餘，貪者常見不足。廉者之得，在不患得；貪者之失，在於患失。不患得者，以不患而得，得之也無患；患失者，彌患而彌失，亦彌失而彌患。」「吾獨慨夫後之求富貴者，皆賈也，皆貪也，皆患得而不得，患失而彌失，終身與患相尋而不已也。」這類論文的觀點雖然屬老生常談，但賀貽孫卻能於普通處探究細微，於細微處顯見嚴謹，嚴謹中煥發新意。

第三類論修身之文。賀貽孫談的不僅是道德修養，而且包括意志能力的修養。《激書》中有十三篇談論個體的修養問題。按儒家的入世哲理，「修身」為「齊家治國平天下」之本。《激書》中直接談道德修養的，只有《仁禮》一篇。「仁禮者，聖人之所以內治身心，而外治民物者也。其言仁為人心，言禮反自生者，內治也；其言仁者愛人，有禮者敬人，外治也。」「周孔以其內治身心者舉而措之天下，合內外之道，通其變，使民不倦；神而化之，使民宜之。仁禮既明，而道德之教益著矣。」針對當時因失仁禮而民俗漓、禍亂弭的現狀，賀貽孫認為「道德必資仁禮」、「仁禮必本道德」。「仁」和「禮」是孔子思想的兩大基礎，是一切倫理道德的出發點，賀貽孫認為唯有儒家的修身思想，為解決當時社會混亂的最好武器。

《激書》中談論自身能力修養的有十二篇，從對己、對人兩個角度展開。首先，對己要能「藏」。《全勇》篇云：「凡人之所以能勝物者，勝之以氣而已。氣強則猛獸避焉；氣弱則蟻蛭制焉。古之養氣者，卑萬乘，藐大人，凌霄漢而薄日月，何況於虎哉！」強調氣節的偉大作用，與孟子的浩然正氣是一脈相承的。

「夫人氣勝足以鼓勇，而好勇亦足以傷氣。鼓而勿傷，是在養之
而已。」由此作者強調了人要注重「養氣」，培養自己的浩然正
氣。與孟子的浩然正氣不同的是，賀貽孫養的「氣」是「專氣」：
「柔易廢，剛易折，而至柔不能廢，至剛不能折，何也？」「養
氣者，養其至柔，而得其至剛，使人不得以柔相之，此非專氣者
不能。」其氣要剛柔相濟，不像孟子的「至剛」「至直」。

　　為了養「專氣」，賀貽孫主張「藏才」。《藏用》篇提出，要
學聖人「善藏其用」，「善用其藏」。「欲求為可用，先求為可
藏」。「善吾藏」才能「善吾用」，不能「輕用其才」，「黯而常
耀，斂而彌光，而炫之而誇之，則必至於藏與用兩失而後已焉。
可不謹哉！」「若夫古之聖人，藏身於天下，則雖干將莫邪莫之
傷也，藏天下於身，則雖羿浞操莽莫能奪也。彼且以道藏智，以
智藏身，以沖虛無為之身藏天下，藏不在內，用不在外，其藏無
跡，其用無方，斯藏用一機，身與天下一體之大道也。」賀貽孫
認為人過於才華外露往往會招致麻煩，甚至殺身之禍，要養生必
需要做到才不外露。當然，究竟如何「藏」也是有講究的。身為
遺民的賀貽孫深知在異族統治下，有名有才之士往往會成為統治
者拉攏和利用的目標，《慢藏》篇就提出要能夠真藏，安於藏，
藏而不露。「安之之道，視有若無，視多若寡，視已藏若未藏。
人與物兩忘，然後遨遊江湖而不驚，衽席戈矛而無害。」「怔怔
焉，營營焉，厚為慮而多為防，是何異潛身而秉燭，匿影而揚
聲！」不安於藏，實是假藏真露。

　　賀貽孫的「藏才」並不是遠離塵世，與莊子的出世有所不
同，藏才並不是廢置才。作為有才之士如何在「藏」的情況下把

自己的才華貢獻於社會呢？《戒智》篇主張，要「善用其智」。怎樣「善用」呢？「謀人者，不用其謀，而用人之所不能謀；勝人者，不恃其勝，而恃人之所不能勝。」他總結春秋戰國謀人勝人之術，「大端有四：一曰攻瑕（攻其弱點），一曰恣敵（讓敵方犯錯誤），一曰嘗敵（陽親暗遺），一曰堅忍（臥薪嚐膽，焦勞勤勵）」。「知謀人而不知自謀，知勝人而不知自勝」，這種「用智者」「實皆愚」也。《圖大》篇提出，不論大小，要善居善為，「狃小而拘於圩，此不善為小者也，善為小者，不為小也；圖大而失其居，此不善為大者也，善為大者不為大也。不為大，故知大之無餘於小，不為小，故知小之非不足於大。」最重要的是「因其勢」，「善其用」，也就是要從實際出發，具體情況具體安排，要善於靈活處事。

其次，對他人要「誠」。《息謗》篇寫到君子「躬厚而薄責，直己而恕人，不以人之生平快其怨隙，不以人之生平恣其嫉忌，不以人之生平肆其嘲虐」，「稱人之長，愈以益己之長矣；揚人之功，愈以彰己之功矣」，「攻人之長，則人莫能昭己之短矣，掩人之功，則人莫能明己之過矣」，「芳不孤樹，吉以朋來，有餘善以相與者，即有餘福以相覬」，賀貽孫認為要對他人寬容，與人為善，即「恕人」。除了「恕人」外，還要坦誠待人，不要猜忌。《預知》篇認為「其與人居也，人藏其心不可測度，吾渾而一之，推吾誠而莫之間，斯可矣。必欲預知其孰憎我，孰忌我，孰陰撼於我，則猜防深於內，而仇怨阻於外，出入進退之間，渙然其不相浹也，甚矣！」「古之君子，進而奮庸，則自盡其才分之所可為，而不計其時命之所不可為；退而閒居，則自求

其在己者之所可知，而不計在人在天者之所不可知，夫是以隨時任運，安行而無礙。」人與人相處，不能一味追求名聲。《挫名》篇云：「名浮而實違之，必喪其身，名成而物毀之，並喪其名。名之來也濫，則其謗也多，名之興也暴，則其敗也速。」在與他人的相處中，過分看重名譽或他人對自己的感恩，會大大影響真誠，即使幫助他人也應該抱有一顆真誠的心。他對一湖南名醫晦其姓名的行為大加讚賞：「為無名之醫，竭吾誠，殫吾慮，施功厚而責償薄，但求不愧吾心，以告無罪於天，斯已矣。」「翁用世人也，竭誠忠也，博愛仁也，約取義也，辭功讓也，挫名智也。」。

　　第四類為治學之文。如何治學，《激書》中有十篇專論。分別從教與學兩個角度闡述。首先是教。《滌習》篇一開頭就提出因材施教的問題：「凡人有結習在其胸臆者，其為學必不至，而其為道必不親。蓋先入之說為主於內，其後雖有微言妙道，拒而弗受，則師生之力至此而窮。有善教者出焉，欲有以救之，其道不用益而用損，不用予而用奪，不用守而用攻。損必損其所蘊，奪必奪其所愛，攻必攻其所堅。所蘊既損，則積聚消，所愛既奪，則情見絕，所堅既攻，則執癖化。三事既得，而後可以語學問矣。」《傳人》篇主張「傳人傳法」，傳基本功。倕工魯般授徒，「與人規矩，不與人巧」。「非不欲與人也，以為天下之巧在吾規矩，天下之變亦在吾規矩。當其與人規矩時因已與人巧矣。其所不能，則非與者之咎也」。以不變應萬變，授人以漁，奇靠變而通之，這是他所說的傳人的訣竅。其次是學，賀貽孫提出要務實。《習巧》篇云：「天下之事，巧與習自相資也。習者有時

而成巧，巧者無時而廢習。是以習者用生、習而成巧者，則生即其熟；熟由神禦而不以力參，入手皆熟，而人不見其熟，則生與熟兩忘而俱化矣。」熟能生巧，這是務實的結果。《求己》篇認為「道不離人」、「即物明己」，「求之尋常日用之間、庭除幾席之內，隨耳之所聞，目之所視，手足之所持行，參於前而倚於衡，瞻在前而忽在後，中邊互見，左右逢原」。他主張象學畫梅，「察其神韻所在」，不能「本易而求諸難，本近而求諸遠」。從「百姓之日用」中求道，「唯行之而始至，即之而始親耳」。「嗟乎，學者之惑也，厭其近且習者，欣其遠且疏者，而不知忽於近者，愈近而愈遠，玩於習者，日習而日疏也」。如「目近於眉而不能見眉，指近於腕而不能握腕」。「日用之知，非果不知也，特遺己以逐物，不即物以明己，故不知也」。「一旦翻然內求諸已，未有不憬然惺、蓬然覺也」。務實還體現在不求奇、不求怪，主張從普通的事情入手，舉一反三，掌握規律，以不變應萬變。

《激書》談到學習任何知識都應該練好基本功。《馴文》篇：

> 「天下事未有不能為馴謹而能巧、能變、能奇、能放者也。」「子試屏緣息慮，以學為文，曲者中鉤，直者中繩，圓者為跬，方者為墼，錯綜開闔，有倫有度。馴謹為是，是亦可矣。及其積厚資深，左右逢原，從心所欲，隨手得之，鑿鼉叢，出鳥道，攖蛟龍，搏虎豹，倒滄溟，蕩山島，海印發光，蜃樓市幻，列缺霹靂，丘巒崩摧，洞天石扇，訇然中開，其為巧為變、為奇為放，千態萬狀，出沒毫端，而於曲

直方圓之體絲毫不亂。至於此，雖欲尺幅之內別其孰為馴謹、孰為巧變、孰為奇放，可複得哉！故曰：醇也而後肆焉，操也而後縱焉。」

　　除了以上四類，《激書》有談心性哲學之作。《心性》篇主張心性合一：「蓋見心性無二，言心而性在，言性而心在。猶之月光無二，指月而光在，指光而月在。」《失我》篇一開頭就說：「嘗聞聖人無我，又云萬物皆備於我，以無我之我而備萬物，則盈天地間無非我也。」主張要有「無我之我」，反對追求「非我為我」。「以非我為我者是惑也」。肯定莊周：「莊子得其天真，而失其形骸，莊子之失我，莊子逍遙遊也。莊子逍遙，與物俱化。」「其能別者，形骸之我，而其不能別者，天真之我也。天真圓明，彼此無間，無我也，無非我也，無一物也，備萬物也。」《空明》篇主張以「無心」至「空明」：「思與知所以遠且大者，以其心之空明無弗屬也。」「思之所以不能及遠者，有心者促之使近也；知之所以不能及大者，有心者隘之使小也。」「不空不明，勞心忡忡，而促之而隘之，則非思與知之累心，有心者自累其心耳。」「無心者常明」，「無心者常聰」，「無心者常辨」。

　　《激書》在藝術上要求具有特色。行文稱心而談，夾敘夾議，文筆縱橫漫衍，千變萬化而神韻自具，頗類《莊子》文風。《方以智序》稱其「淵然深，廓然大，曠然遠」，「余欲置此書作《漆園》後殿，而為《淮南》、《呂覽》數十家先鞭」。文章結構跌宕瀠洄，一波三折，頗顯波詭雲譎，空靈變幻。大量駢詞儷句及排比句式的運用，強化了文章氣勢。行雲流水的文思中，充溢

著勃鬱不平之氣，透射出陽剛恣肆之美。

　　《激書》於康熙八年（1669 年）七月彙編成冊，即《方以智序》所題署的「己酉七夕」。作者時年六十五歲，故《葉擎霄序》稱「《激書》則又暮年成也」。賀貽孫所處的時代正是一個急風暴雨的時代，封建制度沒落，資本主義萌芽，階級矛盾、民族矛盾異常尖銳。面對這暴風雨來臨，貽孫敢於針砭社會的惡根，敢於指出社會存在的最根本的矛盾，並且對下層人民表現出由衷的讚美，這些都體現了他的社會責任感和廣博的人道主義精神，和同代的啟蒙大師王夫之、黃宗羲、顧炎武不謀而合，堪稱「啟蒙學者」。

三、博學能文的徐世溥

　　徐世溥（1607-1658），字巨源，號榆溪，江西新建縣人，侍郎徐良彥之子。年十六補明諸生。好唐宋古文，大受錢謙益等大家的賞識，為文才雄氣盛，名重一時，然累困場屋，入清後絕意仕進，朝廷累徵不就。為人尚氣節，鋒芒畢露，易代之後對變節之士多所嘲諷，深為所恨。順治十五年，夜遇盜劫，被炮烙致死。臨終前盡取其著作而焚之，「存者不過十之三四」。今存著作尚有《榆墩集》、《榆溪逸詩》、《江變紀略》等。

　　徐世溥才雄氣盛，博學能文。其散文創作成就較高。陳宏緒說：「以巨源之才，極其揮斥，無不可至」。徐世溥散文文體亦頗豐富，不僅寫了許多優美的山水遊記，還創作了一些傳記文，他的歷史筆記更是洋洋灑灑長達萬言。這些文體基本代表了徐世溥思想和文筆的成熟過程。

徐世溥早年創作的《愛秋光賦》、《山居賦》等，雖追隨六朝、模仿江淹等人的作品，卻已經顯示了生動形象的想像虛構能力和流暢優美的文筆，為其散文的文學性奠定了基礎。他的遊記散文描寫新建境內的山水名勝、歷史古跡，「值物布象，任地班形」，描繪細緻，雅潔生動，大為故鄉山水生色。謝國楨《江浙訪書記》評其為「效柳州所為遊記，清新可喜」。可惜他的遊記因文集存世不多，不易為今人所見。他寫故鄉景色的遊記至少有十二篇：其妻弟熊人霖所編《榆墩選集》中有《興福莊記》，嘉慶年間鄒昉所編的《榆溪逸稿》中的十一篇，它們是《弋陽王府記》、《盥綠亭記》、《遊洪崖記》、《小澗記》、《秦人洞記》、《鄢家山記》、《登蕭仙記》、《蟠龍寺記》、《香城記》、《西山諸靈跡記》、《羅漢壇記》。其中有九篇是專寫家鄉新建境內的西山之景，合稱為「西山九記」。 徐世溥的西山九記是紀遊性質的文章，描寫了西山一帶美麗的自然風光、動人的遠古傳說、靈跡佳境。

首先，尋幽探奇，繪故鄉山水之美。如《遊洪崖記》對洪崖一帶的山水，描繪得極為細緻，如：

由江三十里抵洪崖。兩崖石數十尋，皆釜色，時有白繡，紛若疊菊。相望四五丈，勢常欲合。無土有草，剝若成文。直上高五六里，西山之水，飛鳴而下，時從石壁橫灑飄忽，若疾風吹雨，莫不斜飛。前有巨石，當之若塹，水稍匯之。上瀑奔流至此，則復衝激上山，左右噴薄，洗石壁逆流同下矣。左右有鐘磬兩石，巨若輪，橫無所倚。若水東奔激

之，則嗡然為鐘聲；若倚瀉西擊，則鏗然若磬。至春夏水彌不復見，但聞水中鐘磬聲也。石壁上有鏤文，歲久苔填不可見，蓋神仙跡也。昔洪崖仙人常居此，故引以名地。洪崖時無書，是豈洪崖跡耶？下石為渚，時縈時流，遇石翔鳴，遇沙明綺，九十七曲入於江。

　　該篇對洪崖的山水描繪極為細緻。將洪崖的底色、陡峭的地勢、石上的苔蘚，壁崖上的野草，逐一地進行了細緻刻劃。就連石頭上的苔蘚其形狀其色也形象描繪了，「紛若疊菊」將普通常見的苔蘚寫得如此美，實屬少見。可見作者想像力之豐富和觀察之細緻。接下來寫洪崖瀑布，寫出其水依山而成瀑布，激左石，如鐘聲；激右石，則如磬聲鏗然。春夏雖水漲不見石，但卻依然可聞其聲。結尾寫石壁上的鏤文，用搖曳之筆法，將人們的思緒引到遠古的神話傳說之中。將洪崖的瀑布寫得活靈活現，如臨其境，動態神韻均浮現出來。

　　將景物逐一工筆刻劃，以顯示山水秀麗有致，這是徐世溥山水遊記的重要特點。在他的《登蕭仙嶺記》，寫登蕭仙嶺的路途上所見以及站在蕭仙嶺之峰四望所見，將蕭仙嶺景色的獨特一一措於筆端。如：

　　　朝發秦人洞，皆下馬步行。道不盈寸，涔不濡軌。兩旁臨萬仞之溪。道多怪石，清怒奇危，如牛入地半；如群馬飲河；如嬉駒仰臥；如走火避豸，如大夫冠；如欲登天，如欲墜淵，咸誘目怵神。

這段文字連用七個比喻，描繪路旁怪石「清怒奇危」的形狀，七個喻體形態萬方，千姿百態，既有仰臥之嬉駒，也有避豺之走犬，既有閒適，又有恐慌，使石頭呈現出自然之美的同時還趣味盎然。在形象描繪時作者還不忘將人的感覺寫進來，「誘目悖神」四字點睛之筆，融入作者的感覺，讓人身臨其境，留連忘返。

正如謝國楨所言，徐世溥的遊記學柳河東的《永州八記》，在景物刻劃的同時注意將自身的感受融入其中，使得山水與人水乳交融，你中有我，我中有你。在徐世溥的遊記中用玲瓏剔透之筆，抒性靈於山水，文章生動簡潔，清麗雅致，可謂「清新可喜」之作。代表佳作《小澗記》如下：

> 自銅原出不數里，有聲出於竹中。如是數百步，甚異之。既則延瞻岑徑，亦有流泉，清迴修澈，委石成文，明細鱗鱗，若晷在沙。還顧來徑，則竹筱明密，夾生澗旁，葉交岸合，波綠沙隱，故聲流竹際矣。其前，則螺石論澗，積沙成棱，平流有聲，山泉遙應，遞注疊鳴。前乃漸就山道，勢高落迅，行疾響旬。分注田塍，澗水載鳴，哇哇相答，深可娛聽焉。

一條小澗，並非罕見，文中所寫不過是清流、幽徑、翠竹，但文字優美雅潔，玲瓏剔透。在這段短短的文字中，寫出澗水周遭景致的特點。先寫水聲，循聲探得小澗，觀其清流，處「清迴」之地，水流「修澈」。不見其形，先聞其聲，寫出水流之

聲，修澈之水流，寫出溪水的婀娜與清澈。寫水流之態，先從緩緩清泉寫起，如同少女輕歌曼舞，笑語盈盈，嫵媚多姿。接著寫水流至山道，勢高落迅，其聲宏亮，酣暢通達，極富灑脫動感之美，體現了大自然的生機和活力。在徐世溥的筆下，小澗的清幽曲徑變得如此多姿多彩，真不愧為山水品鑒的大家，難怪謝國楨先生點評為：「效柳州所為遊記」。柳宗元的山水遊記藝術價值極高，明代毛坤稱譽：「古之善記山川者，莫如柳子厚。」將徐世溥與柳宗元相提，自是對徐世溥遊記的認可和高度評價。

在徐世溥的散文創作中善寫山川，不僅刻劃其神，對山川之形的刻劃也保持著自己的特點，那就是喜歡寫景之靈秀之氣。如他的《鄔家山記》：

出秦人洞，將往蕭嶺。左右草花夾路，不知其名，採之不忍，目賞不給，遂乃坐石上，攬玩久之。望前路煙樹，相與淺深，若可披尋。乃取道往行，田徑循迴，溪愈曲愈幽。從小徑入，地方十畝，畦有芋，畝有禾，清池映沙，魚不可畧。四面高山環合。山皆修竹，巖多草花。巖下有蠨蛸結網小竹間，風吹花落，皆繫網上，不則墮池中，魚往就食之，不可得，遂然而返，若有所驚者。茅屋十餘，居人皆悶悶無所識。從之潔，贈之以榧栗山蔬。因上山，坐竹下飲之。竹葉滿天，仰不見目，府見搖碎，方圓不定，欣恨良久。問其山，不知名，問其氏，鄔姓雲。

這段寫鄔家山的景色，筆力清新，語言簡潔，四字一句，頗

有南朝遺風。所記景物，有花草、煙樹、小溪、田野、魚池、修竹、蟪蛄、山人等。這些都是山中特有的景物，在徐世溥的筆下顯得格外的清新玲瓏別致。其中寫道蟪蛄魚池時，將大自然之中兩個細小之物描寫得活靈活現，不可謂構思奇特。抓住山中小景寫出鄔家山的靈秀。

徐世溥在遊記中除了對描繪家鄉景物的美好還記錄了不少傳說逸聞，賦予山水神秘靈異色彩，靈季與佳境相得益彰。如《秦人洞》又名《遊秦人洞》。據《新建縣志》上記載，「秦人洞，在西山齊源嶺側。舊傳常有人秉燭入洞，行五里許，豁然開朗，有泉橫不可渡。遙望桑麻芄芄，若有居室然。」在《秦人洞》中徐世溥描寫游秦人洞之所見所感，寫景記遊，筆觸細膩，境界清幽宜人。在這樣一個遠離世塵的地方，據說是亂世隱者的避難之所。在文中作者寫道，「昔嘗有人者，見石幾胡床之屬，雲中有佳疇清池。」然而此室不是任何人都可以進去，因為「然今門閉不可開。問其父老，雲世治則石門閉，亂則自開以待隱者。」在解釋石洞中石門閉而不開之由時，引附近父老之語。石門能感知世事而動，賦予了神秘色彩。《等蕭仙嶺記》一文中寫蕭仙嶺的另一名稱蕭史峰，就寫了一個神話，蕭史乃秦穆公女婿；相傳他與秦女弄玉偕遊於此，並在石屋中居住。徐世溥的散文將神話傳說點綴在其遊記中，使得他的遊記較柳宗元更多一份神奇，從而形成佳境仙跡相互形成和諧的境界。

徐世溥的散文遊記具有較高的審美價值。除了文中描繪的青山秀水，靈異色彩外，還有一個表現，那就是文中抒發的遺民特殊的世事滄桑感。《弋陽王府記》和《興福莊記》中均有「興衰

皆非當初主人所能預見」之感歎。如《弋陽王府記》寫弋陽王府古今的變遷。弋陽王是明初寧王朱權子孫的一個分支，嘉靖年間，朝廷曾以弋陽王統轄江西諸郡王，當時的弋陽王「請於朝，敕許焉」，至萬曆末年，逐漸式微，終竟後繼無人，衰敗不堪。從當初的「自將軍中尉，莫不鞠拜輦下，王尊若神，欲一望其宮門而不可得」竟淪落成「販夫豎子皆得適其宮，升其殿」。高門貴宅，如煙雲逝去，人事滄桑，幾許憂思，作者內心淒婉，在文中「音宛轉多哀」，令人唏噓不已。徐世溥散文中寄予滄桑感，是其與柳宗元散文並提的重要原因。

　　徐世溥的傳記文大都寫於他思想和文風都比較成熟的時期。《劉征君傳》寫貴池劉城的生平事蹟，主要選取了他「有關當世得失」的三件事情：一是屢辭征辟，二是給史可法上書，三是在明朝滅亡後猶望恢復，《金陵》、《臨安圖志》致死仍不釋手。前二者還只是表現這位關心國事的一代名流的遠識卓見，最後一事則表現了他的民族大義和愛國精神。劉城一生出處遭際與徐世溥多有相同之處，因此在文章裡便用史家的選材敘事之法對他予以充分肯定。此外《蘇武子傳》、《南州四子合傳》、《劉少保外傳》等都是較好地寫出人物個性的傳記散文。

　　《江變紀略》是徐世溥晚年所作，是記載晚明史事的著作，共二卷，有清抄本傳世，《海甸野史》、《甲申野史記抄》以及《荊駝逸史》、《明季史料》等叢書亦收錄。《江變紀略》一書的最大意義在於真實紀錄了順治前期江西發生的金、王之亂，留下了寶貴的歷史資料。由於作者對金、王的反清持否定態度，傷害了遺民的感情，因而招來了不少批評。錢謙益在《答彭達生書》

中勸他「以正書法以徵信，寬刺譏以旌愚忠。」全祖望在《再跋江變紀略》中認為「儒者據正誼以立言，責備賢者非不當，然終非局內，不知時勢之難於自由也」。彭士望說他「顛倒是非，羅織口語，以快私怨」，是「文人志在希世取名之作」，「非志士之文」。

《江變紀略》記載永曆初年金聲桓、王得仁以南昌反正事，金氏本明朝左良玉的部將，以功資歷樞輔楊嗣昌，督師史可法諸營，累升至淮徐總兵宮。王得仁綽號王雜毛，原為闖王李自成舊部王體忠的旗牌官，後為爭奪一漂亮的女子，殺了王體忠，並趁機奪取了他的軍隊。清軍南下時，金、王二人皆叛明降清，據守九江，並且未費清軍一升鬥糧，為新朝孤軍傳檄而取十三府七十二州縣數千里的土地，二人以為自清朝入關以來，功未有高出於己者，早晚會得到厚封，封侯封公封王指日可待。豈知收取江西的奏疏批復下來，金氏僅得了個提督軍務的副總兵之職；而王得仁由於出身低微，封贈就更不如金，只撈了個把總的頭銜，因此二人快快不樂，對新朝逐漸產生怨望之情，後經明朝隆武帝舊部策反，二人舉兵反正，金氏自稱豫國公，王得仁稱建武侯，並邀請了宏光閣臣薑曰廣做為謀主，封為太子太保吏部尚書兼兵部尚書中殿大學士。是時隆武帝已死，他們為號召起見，仍用隆武四年的年號，不久又奉表南寧，擁護永曆政權。

此書此事一律用南明隆武、永曆年號，而不用清帝年號，在最後評論金、王起事失敗的時候，作者說：「人臣非甚頑薄，無不望其國中興」，只是有的知其可為而為之，有的不知其不可為而為之，這是才與識的差別，可歎武侯諸葛亮與文天祥丞相，憑

他們那樣的誠意，生死都置之度外，尚且怕自己不能成事，像金王二人這樣苟且趨功名，冀僥倖於萬一，自然是無法成功的。在最後評論金、王起義失敗的時候，徐世溥說：「人臣非甚頑薄，無不望其國中興，顧知其可為而為之，與不知其不可為而為者，才與識異」，作者的這些記載與評論，顯然流露出依戀明室的感情。

　　書中最有價值部分是對清兵的暴行進行了詳細的記載，大將軍固山額真譚泰為攻南昌城，盡驅所掠丁壯老弱掘壕溝築土城。由於天氣十分炎熱，督工又一刻不停地摧逼，結果「上暴旁蒸，死者無慮十餘萬」。死了以後，就把屍體丟棄在壕溝裡，使得「臭聞數十里，蠅烏日盤飛蔽天」。為了做攻城壕溝的排柵，清兵就濫伐南昌周圍的山木，山木伐光了，就拆毀民房甚至把裝屍體的棺材也弄來，致使南昌城周圍「數十裡間田禾、山木、盧舍、丘墓一望殆盡」。清軍久攻南昌不下，為了改善單調乏味的軍旅生活，他們就把附近的婦女抓來，「各旗分取之，同營者迭奸無晝夜」。當時雖值三伏溽熱的天氣，有的婦女十幾天甚至整月都得不到水梳洗。南昌城破，清兵撤退時，由於船中裝滿了搶來的財物，又把這些婦女一併發賣，婦女們起初因有一線生還的希望，所以忍辱偷生，到這時知道清兵要賣她們，她們將永遠離開自己的故鄉，所以「莫不悲號動天，奮身決赴，浮屍蔽江，天為厲霾」。

　　《江變紀略》雖為歷史筆記，作為先秦散文源頭之一的歷史散文，雖然在後世的散文發展中其角色逐漸淡出文壇，佳作也少有，時至徐世溥，能寫出如此規模的歷史散文，不可謂是徐世溥

對歷史散文發展的一大貢獻。敘述頭緒紛繁，事件重大，卻簡潔謹嚴，有條不紊，且不乏生動的細節描寫，卻非才力平常者可及。誠如陳宏緒所言，「以巨源之才，極其揮斥無不可至。」

四‧磊磊明明的陳宏緒

陳宏緒（1597-1665），字士業，號石莊，新建縣人，清代文學家。父親官至南京兵部尚書，因疏救楊漣，罷歸。崇禎年間，宏緒以諸生承父蔭，破格起用，知晉州，有全城之功。因拒絕閣部劉宇亮率軍入城而遭逮系詔獄，貶湖州，後改舒城縣縣令，因嚴懲豪民論罷。入清，屢徵不就，輯《宋遺民錄》以見志。著作有《陳士業文集》等數十種。

陳宏緒工古文，與徐巨源齊名，有「士業之文暢，巨源之文潔」之譽（王士禎語）。明季公安、竟陵之說盛行，文風漸頹，宏緒與賀貽孫、萬茂先、徐巨源、曾堯臣輩結社豫章，為古文師盧陵（歐陽脩）、南豐（曾鞏），力洗陋習，能在江右文壇獨開風氣，被人推為「上掩艾千子而下啟魏叔子」的古文名家。

宏緒的散文長於敘事，文暢事明，成就最高的是人物傳記，佳作有很多。如《劉文端公傳》、《衡州知府鄧公傳》、《南京雲南道監察御史李公傳》、《吏科都給事章公傳》等，文學性強，故事性也很強。又如《楊繼宗傳》：

郡土豪張某，號張四墻，窩盜肆惡，一郡患之。家臣富，權要多耳目。一日，劫桐鄉縣官絹。繼宗收捕，置重典。當道力庇而欲脫之，以張無失主為辭，繼宗厲聲曰：

「朝廷是失主。」又謂無原告，繼宗笑曰：「知府是。」當道
與塞而止。

　　楊繼宗是成化、弘治之間的大臣。文章以人物的生平經歷為
序列舉了其多個故事，多方面地表現了楊繼宗善於體察下情、不
畏權貴、秉公執法的品質。上述所寫是「懲辦土豪張四」。敘述
的文字簡明，而人物語言極富個性，人物性情呼之欲出，剛直不
阿、勇於負責的精神在簡短的語言得到傳神的地刻畫。

　　《宋少保信國文公傳》和《明直文淵閣侍讀方公傳》是陳宏
緒傳記類的佳作。這兩篇文章敘事詳盡縝密而大氣。《文公傳》
中人物語言精煉卻正氣浩然。敘事周詳，對文天祥從元營逃脫之
後歷盡艱難險阻企圖中興宋朝的經歷，對被俘後在大都與元丞相
針鋒相對的談話以及就義時柴市風沙的異常，都進行了細緻描
繪。這些史料的記載很好地彌補了《元史》的不足。《方公傳》
在敘事的史料方面也極具價值。文章歷敘方孝孺迥然難及的見
識、品性，在洪武、建文朝受到恩遇以及在永樂初年被誅十族的
慘劇，這些也多是前史未詳。方孝孺謀國之忠、慮事之周、正直
之性、罵廷之烈，在此傳中得到充分的肯定和表彰。此二公均是
忠烈之楷模，為他們立傳可見宏緒之志。

　　陳宏緒寫得最有價值也是他最自負的是傳記文，然而寫得最
多的是序跋文。大部分是應酬之作，故價值還不及傳記文。但也
有一些反映其文學思想之作。如《天傭子集序》，闡述文統與道
統、治統的關係，以及明代後期文運的興替，評價艾南英在當時
文壇上的作用，保留了宏緒寶貴的文學思想，具有珍貴的文獻價

值。《博依堂文集序》、《陳伯璣詩序》都是其代表作。陳宏緒散文也善記事寫景。《丙子記事》記敘了崇禎九年（1636）江西發生大水災時人們走投無路、死亡相繼的幾個悲慘故事，真實反映了人民在大災之年的悲慘命運，表現了對人民疾苦的同情和對官府的譴責。寫景文如《兩姑山記》、《看雪記》極盡形容描畫之能事。《莊居聽雨記》則是傷心人別有懷抱，名為「聽雨」，實則是傾聽時局邅變的暴風驟雨。

　　宏緒主張經世實用之學。他不滿於八股文的陳腐氣，也反對「好以秦漢相欺，字裁句掇」的復古文風。主張文章應該以闡明堯舜禹湯文武周孔的道統，以匡救治統所不及。他推崇歸有光等唐宋派作家及艾南英的文章，以學習唐宋古文，主張「文以法為主」，反對過分的標新立異。所以他的「議論之文，洋洋灑灑，敘事之作，磊磊明明。」以沉雄勝，「浩浩落落，頓乎八家體裁」。

第二節 ▶ 易堂諸子

　　「易堂九子」指明末清初以魏禧為首的九位文學家。明亡之後，寧都魏禧與其兄際瑞、弟弟魏禮、姊夫邱維屏偕友人李騰蛟、彭任、曾燦，南昌志士彭士望、林時益等避難於寧都縣城西北十里的翠微峰上，因魏禧之父魏兆鳳曾將此居所定名為「易堂」，故這九位文學家便被稱為「易堂九子」。九子在翠微一帶聚徒講學，間亦外出坐館授徒，且頻繁出遊於大江南北，與全國各地的學者名流、賢士大夫往還，四方學者有慕名而至翠微峰

者。因而在九子旁邊形成了一個相對固定的群體，故又稱「易堂諸子」。易堂諸子中散文創作成就突出的有彭士望、邱維屏、魏禧。其中影響最大的是魏禧。

易堂諸子的創作以「真氣」為其一切活動所追求的精髓。名僧無可（方以智）曾到山中，歎曰：「易堂真氣，天下無兩矣。」當明亡之時，魏禧之父魏兆鳳痛哭不食，剪髮為陀，舉家隱居城外翠微峰。兆鳳去世後，其子魏際瑞、魏禧、魏禮居於「易堂」，他們的好友李騰蛟、彭任、曾燦居翠微峰西側的三巘峰，邱維屏居城東壙角村，林時益、彭士望居翠微峰西南的冠石。人們將翠微、三巘、冠石稱為「易堂三館」。

易堂諸子皆為明遺民，三魏的祖輩曾「素封八世」，有「聖旨魏門」之稱。父親魏兆鳳在鄉里頗有名望，家境富裕，「席產數千石，歲入千金」。這樣的門戶，正是清王朝籠絡的物件。但是，除長子魏際瑞為全家生計的緣故，其他人均隱居不仕，專心辦學著述。同樣，易堂九子中的其他人也都不事清朝，表現出一種大義凜然的民族精神。彭士望、曾燦還參加了福州唐王政權的兵部尚書兼東閣大學士楊廷麟發動的贛州抗清鬥爭，後終因贛州城破，起義失敗而被迫返回翠微峰。身為易堂首領的魏禧雖未參加抗清鬥爭，但對抗清鬥爭也是很支持的。楊廷麟殉難後，他與彭士望湊資冒著危險，到贛州贖得楊廷麟遺孤楊晉，領回翠微峰施以教育，直至成人予以婚娶後，方送回其原籍清江，使之得以延續後嗣。汪士鋐稱許道：「苦節誰云不可貞，翠微山共首山清。」屈大均在《贈魏處士冰叔》詩中也對其志節大加稱道，通篇用「漢初有逸民，張芒一女子」來比擬魏禧，讚揚他重涕悲生

民、憂國憂民的情懷，並以「鄰女窈窕姿，將老猶珠璣」，「秉節乃不終，媒妁持為市」，來貶斥中途向清廷屈服的人，以反襯魏禧堅貞不渝的民族氣節。蔣方增則評說：「自秦漢以下，古文之學，盛於唐宋而衰於元明，至國朝初年英才輩出，其故舊遺老多以氣節為文章。蓋不朽之言，而又兼功、德以俱立也。時則宋之雪苑，閩之泉上，粵之北田，浙西之河渚，虞山之宛溪，皆大名震海內。而江右則以寧都易堂為首稱，程山、髻山亦附見。」（《恥躬堂文鈔敘》）有的人還把易堂比為復社：「易堂九子之名噪海內，與東南復社埒。」（周沐潤《恥躬堂詩抄序》）

「易堂九子」各有文名，他們以文學傳於後世。尚鎔評價「易堂」「以經濟有用之文顯天下百餘年」。從思想內容上看，九子的散文具有很強的現實精神。

首先，鞭撻明朝寡廉鮮恥的昏官腐吏，讚頌堅貞愛國的忠臣義士。九子對明朝腐朽吏治予以深惡痛絕的揭露：「士宦率多寡廉鮮恥」，「侈談經學，朋黨比周」，「內外交訌，降叛相繼」，「卒使九廟陸沉」。對於堅貞愛國、富有民族氣節的忠臣義士，則常為之作敘立傳，讚歎不已。在九子的散文中，他們熱情謳歌了社會各個階層的貞節之人。魏禧《靜儉堂文集序》中歌頌了一位並未上任的維護國格、人格的官員，出使朝鮮拒收饋金使得朝鮮感動得為之修建「卻金亭」，而當清朝「當事欲迫見之」時，卻「三死以就義」。《訓導汝公家傳》中刻畫了一位英勇就義的學官，被遼東散騎所執拒不投降，而大罵敵騎終遭殘殺。《許秀才傳》中讚揚了一位秀才為抵制清廷，不顧勸說而「整衣冠赴河水而死」。《宋烈母傳書後》寫的是一位「臨難決絕，情無反顧」的

烈婦，清兵來時能出避卻不肯出避，帶著兒女媳婦赴井而死。《高士汪颯傳》中讚揚了一位明末中舉的貧寒高士，入清後姻親「出千金」欲其「試禮部」，卻拒不受金赴試。《朱參軍家傳》中寫的是一位隱君子，入清後「窮不得食，以書法自食」而「抱道懷貞，老且死局下」。易堂九子對於那些高舉義旗抗清殉難的將士吏民，更是緬懷備至，對他們予以崇高的敬意與歌頌。魏禧的《江天一傳》謳歌了江天一雖為一介儒生，在南京被破時毅然佐明朝官員金聲，兵敗後又慷慨就義。

其次，揭露清初的暴虐統治，深切同情饑寒交迫、流離死轉中的人民。易堂九子的作品如實記錄清兵殘酷屠城的慘像。邱維屏《序詩送任氏二子省墓九江》：「今江西三衛曰南昌、九江、贛州，城皆已屠，而吾贛州最烈，衛之子孫多無存者。」曾燦《贈邑人楊君序》中對贛州被圍的慘狀如實描寫：「贛被圍，戶子弟環城守且更戰者六閱月。十月城陷，無士、賈，皆屠之。其骨肉交道路，幾與城齊。犬狺狺然，走齧人骨。」李騰蛟《叔兄斐然墓表》寫了寧都城被破後也遭屠戮：「縣被破，殺擄之餘，皆大疫」。在《族子季玉四十一序》中寫兵火後，死者擠溝壑，以裸葬為幸……辛卯，鄉之亂益甚，暴客縱橫，不則人而食。」他們還描寫了各地見聞，閩粵一帶是「徵夫徵匠，工役繁興。有司之供應無窮，小民之皮骨已盡。乃三月淫雨，二麥無收，入夏亢陽，秋禾不實。民之掘草根而食者，比屋皆然」（曾燦《賑荒小引》）。北方的情況是：「山東方大饑，饑民十百為群，煮人肉而食。千里之地，草絕根，樹無皮」（魏禧《吾廬記》）。

另外，還抒發了自己亡國之痛、壯志難酬之憤及伺機一展才

志的希冀之情。易堂九子經歷了亡國之痛，入清後又「目擊時事，慷慨扼腕」，內心深處頗有一股「不勝邦國殄瘁之感」。復國無望、壯志難酬，心中充滿了難以訴說的憤懣。他們便以文當歌，以文當哭，在文中抒寫特殊的人生之旅上的心路歷程。魏禧在《許秀才》中寫到許兄弟兩殉難時，不禁感歎：「禧亦故諸生，方偷活浮沉於時，視二許能不愧死人地哉！」他們或直抒胸臆，發洩其感憤之情，或借他人之杯酒，澆胸中之塊壘。魏禧在《大鐵錐傳》中為一個浪跡江湖、行蹤奇譎的俠義人物立傳後，便意味深長地感歎：「豈天之生才不必為人用歟？抑用之自有時與？」他多麼希望自己能用之有時呀！雖然是對大鐵錐的感慨，實則是作者對自己的慨歎。

　　易堂九子對現實社會的關注、對抱負不得伸展的耿耿於懷，來自於他們作為儒家知識份子的責任感。他們正是站在國家、時代的高度觀察社會，並進行反思、探索、追求，提出了自己的獨到見解。他們縱觀千年的歷史，發現歷朝衰亡的要害在「學術」。面對宋明以來的程朱理學，易堂諸子多有抨擊。在清初「朱子之傳義不敢言，非朱子之家禮不敢行」（朱彝尊《曝書亭集》）。若有人非議程朱，便要遭到衛道士們的「鳴鼓而攻之」。在這種情勢下，易堂九子卻敢於批判挑戰這種統治思想。彭士望對有宋以來的理學在現實生活中的危害性一針見血地指出：「南宋諸賢，以正心誠意為經術，終無救於宗社，陳同父為之歎息。近代集大成者，必推陽明，而念庵、荊川、涇陽、定興諸公咸有其意，卒為權臣、閹寺所摧抑，未竟厥施，陵遲至今日難言矣。夫學術不明，則人才不立，經濟不實，性情不篤，而文章舉歸於

無用」（《魏叔子五十一序》）。他還指出：「道學於義不精，滯於理，往往無識，不能通萬物之情，遂以誤天下而歸之於無用」（《明儒言行錄敘》）。認為性理之學施之於經邦治國的危害性。魏禧則素來不尊奉理學，他說：「若夫性理之學，禧平生疏於治經，儒先之書，間一流覽，未嘗專意討索。」他既否定理學家們「存理去欲」、「存養克治」等觀點，又揭露了他們「言行背馳」的虛偽性。認為理學家們所崇奉的道學，往往使人「言清行濁，竊取高名，欺天罔人，壞亂天下心術。」在《明右副都禦史忠襄蔡公傳》中，他又指出：「國家之敗亡、風俗之偷、政事之乖、法度紀綱之壞亂，皆由道學不明。……然世儒之談道學，其偽者不足道，正人君子，往往語法疏狹隘弛緩，試於百事無一用。即或立風節，輕生死，皎然為世名臣，一當事變，則束手垂頭，不能稍有所濟，於是天下才智之士，率以道學為笑。道學不明，而人心邪，人心邪，而風俗政事乖，法度亂，紀綱失，而國家亡矣。」易堂九子都不同程度地對理學道學提出異議。有的甚至提出辛辣嘲諷，尖銳揭露。他們提出一切要講求經世致用。九子論文有一套文論觀，總歸於實用。魏禧聲言：「予生平論文，主要有用於世」（《俞右吉文集敘》）。彭士望等人也經常強調要「歸於實用」。那麼他們所謂的「用」，究竟為何呢？彭士望提出要用文來「明悉理事，指稱利弊，將救世覺民之為急。」魏禧也提到要用文來「正人心之惑溺，而救國家之敗。」他還說到：「文之至者，當如稻粱可以食天下之饑，布帛可以衣天下之寒，下為來學所秉承，上為興王所取法」（《上郭天門老師書》）。他們如此強調文學的社會功能與客觀效果，這足以決定了他們自己創作

散文時每時每刻均圍繞著現實與社會，因而他們的散文創作具有極強的現實精神。

一、彭士望和邱維屏

彭士望（1610-1683年），本姓危，字躬庵，一字達生。南昌人。清軍圍攻南昌，攜家遠走寧都翠微峰。彭士望致力於古文辭，「為文章務以理氣自勝，不屑古人之法」。其散文「遇事感慨激昂，連類旁及，輘轢古今，呼搶天地。」（魏禧《恥躬堂文鈔原序》）。著有《手評通鑒》二九四卷、《春秋五傳》四十一卷、《恥躬堂文集》等。

《九牛壩觀抵戲記》是彭士望的代表作，集中體現了他的創作特色，是作者晚年文章藝術極為老到時的作品。文章記敘了作者在湖南零陵九牛壩看到的一次雜技表演的實況，以細膩的筆觸，生動形象地記錄了清初雜技表演的技巧，寫得具體詳實，有聲有色，使人如親臨其境，而敘述卻十分簡練明淨。在描述雜技表演動作難度的基礎上，展開豐富的聯想和議論，歸納出「至巧出於至平」，「習能移人」的道理。文中對民間藝人的生活與苦難，寄予了深切的同情，認為這些「衣敝，飄泊羈窮」，「捃摭續食」於草木，由於「頗苦賦役」而流浪四方的藝人應該有生活的權利，他們的技能還可適當地加以利用，引導他們做出有利於社會的事來。這種認識體現了當時在野有識之士的獨到見解。全文如下：

樹廬叟負幽憂之疾於九牛壩茅齋之下。戊午閏月除日，

有為角抵之戲者，踵門告曰：「其亦有以娛公？」叟笑而頷之。因設場於溪樹之下。密雲未雨，風木泠然，陰而不燥。於是鄰幼生周氏之族，之賓、之友戚，山者牧樵，耕者犁犢，行擔簦者，水桴楫者，咸停釋而聚觀焉。

初則累重案，一婦仰臥其上，豎雙足承八歲兒，反覆臥起，或鵠立合掌拜跪，又或兩肩接足，兒之足亦仰豎，伸縮自如。間又一足承兒，兒拳曲如蓮出水狀。其下則二男子、一婦、一女童與一老婦，鳴金鼓，俚歌雜佛曲和之，良久乃下。又一婦登場，如前臥，豎承一案，旋轉周四角，更反側背面承之；兒復立案上，拜起如前儀。兒下，則又承一木槌，槌長尺有半，徑半之。兩足圓轉，或豎拋之而復承之。婦既罷，一男子登焉，足仍豎，承一梯可五級，兒上至絕頂，復倒豎穿級而下。叟憫其勞，令暫息，飲之酒。

其人更移場他處，擇草淺平坡地，去瓦石，乃接木為蹻，距地約八尺許。一男子履其上，傅粉墨，揮扇雜歌笑，闊步坦坦，時或跳躍，後更舞大刀，回翔中節。此戲，吾鄉暨江左時有之，更有高丈餘者，但步不能舞。最後設軟索，高丈許，長倍之；女童履焉，手持一竹竿，兩頭載石如持衡，行至索盡處，輒倒步，或仰臥，或一足立，或偃行，或負竿行如擔，或時墜掛，復躍起；下鼓歌和之，說白俱有名目，為時最久，可十許刻。女下，婦索帕蒙雙目為瞽者，番躍而登，作盲狀，東西探步，時跌若墜，復搖晃似戰懼，久之乃已；仍持竿，石加重，蓋其衡也。

方登場時，觀者見其險，咸為之股栗，毛髮豎，目眩

暈，惴惴唯恐其傾墜。叟視場上人，皆暇整從容而靜，八歲
兒亦齋栗如先輩主敬，如入定僧。此皆誠一之所至，而專用
之於習，慘澹攻苦，屢蹉跌而不遷，審其機以應其勢，以得
其致力之所在；習之又久，乃至精熟，不失毫芒，乃始出而
行世，舉天下之至險阻者皆為簡易。夫曲藝則亦有然者矣！
以是知至巧出於至平，蓋以志凝其氣，氣動其天，非鹵莽滅
裂之所能效此。其意莊生知之，私其身不以用於天下；儀、
秦亦知之，且習之，以人國戲，私富貴以自賊其身與名。莊
所稱僚之弄丸、庖丁之解牛、痀僂之承蜩、紀渻子之養雞，
推之伯昏瞀人臨千仞之蹊，足逡巡垂二分在外，呂梁丈人出
沒於懸水三十仞，流沫四十里之間，何莫非是，其神全也。
叟又以視觀者，久亦忘其為險，無異康莊大道中，與之俱
化。甚矣習之能移人也！

　其人為叟言：祖自河南來零陵，傳業者三世，徒百餘
人。家有薄田，頗苦賦役，攜其婦，與婦之娣姒，兄之子，
提抱之嬰孩，糊其口於四方，贏則以供田賦。所至江、浙、
西粵、滇、黔、口外絕徼之地，皆步擔器具不外貸。諳草木
之性，捃摭續食，亦以哺其兒。

　叟視其人，衣敝縕，飄泊羈窮，陶然有自樂之色。群居
甚和適。男女五六歲即授技，老而休焉，皆有以自給。以道
路為家，以戲為田，傳授為世業。其肌體為寒暑風雨冰雪之
所頑，智意為跋涉艱遠、人情之所儆怵磨礪，男婦老稚皆頑
鈍。儇敏機利，捷於猿猱，而其性曠然如麋鹿。

　叟因之重有感矣。先王之教久矣，夫不明不作，其人恬

自處於優笑巫覡之間，為夏仲禦之所深疾；然益知天地之
大，物各遂其生成，稗稻並實，無偏頗也。彼固自以為戲，
所遊歷幾千萬里，高明巨麗之家，以迄三家一巷之村市，亦
無不以戲觀之，叟獨以為有所用。身老矣，不能事洴澼絖，
亦安所得以試其不龜手之藥？托空言以記之。固哉！王介甫
謂「雞鳴狗盜之出其門，士之所以不至！」患不能致雞鳴狗
盜耳，呂惠卿輩之諂諛，曾雞鳴狗盜之不若。雞鳴狗盜之出
其門，益足以致天下之奇士，而孟嘗未足以知之。信陵、燕
昭知之，所以收漿、博、屠者之用，千金市死馬之骨，而遂
以報齊怨。宋亦有張元、吳昊，雖韓、范不能用，以資西
夏，寧無復以叟為戲言也。悲夫！

　　文中對雜技藝人仰臥豎足承物、走獨木橋、踩軟索等高超技
藝生動逼真的描寫，使人有身臨其境之感。尤為可貴的是，作者
還由此引發出一些富於啟迪性的議論，認為雜技演員之所以有那
麼精湛的技術，表演時之所以那麼鎮靜自若：「此皆誠一之所
至，而專用之於習，慘澹攻苦，屢蹉跌而不遷，審其以應勢，以
得其致力之所在；習之又久，至精熟不失毫芒，乃始出而行世，
舉天下之至險者，皆為簡易。夫曲藝則亦有然者矣！以是知至巧
出於至平，蓋以志凝其氣，氣動其天，非鹵莽滅裂之所能效。」
這種議論，極富哲理。作者自記曰：「寄託所自《圬者》、《梓人》
二傳來，而意旨機杼迥相懸絕，且窈邈之思，危苦之音，亦大異
於元和，不敢坐韓柳後塵也。」曾燦評曰：「極小題發出許大道
理、作用，總是叟胸中蘊結沉痛，隨地湧出，遇物有形，不覺成

此一片絕奇文字，留為識者歎息耳！」。文章所寄託的主題類似韓愈的《圬者王承福傳》和柳宗元的《梓人傳》。雖然主人公均是社會下層人物，作者均從他們的生存方式中悟出了做人和治國的道理。但彭士望所處的時代畢竟不同於韓柳的時代，彭士望寫雜技藝人時報以深切的同情，畢竟作者與他們有著「同是天涯淪落人」的末世感，所以在文中才會有對王安石論孟嘗君「雞鳴狗盜之出其門，士之所以不至」的反駁。

　　對於彭士望的散文，魏禧曾在《恥躬堂文鈔序》裡給予了客觀評價：「躬庵先生為文章，務以理氣自勝，不屑屑於古人之法……氣之盛者，法有所不得施。而躬庵之文，則又非未始有法者。故嘗譬之江河，秋高水落，隨山石為曲折，盈科次第之跡，可指而數也。大雨時行，百川灌匯，溝澮原潦之水，注而益下，江河溢溢漫衍，亡其故道，而所為隨山石曲折者，未嘗不在，傾人心目，驚潰之而不之見。」躬庵善記敘，更善議論，其議論的特色，正如魏禧所言。

　　邱維屏（1614-1679 年），字邦士，因所居處多古松，望之蒼藹無際，邦士讀書著文其下，學者又稱「松下先生」。寧都人，明諸生，魏禧姊婿。明亡後棄絕仕進，與魏禧、李騰蛟各聚徒講業，人競稱「三館」。邱維屏為人高簡率穆，讀書玄悟，魏禧曾隨從其學習。晚年通曆算、易數及西洋演算法，僧無可與其演算，歎曰：「此神人也！」邱維屏為文嚴謹，深思窮力，一字不輕下，嘗數月數日不成文。既脫稿，又隨手放置。教授學子手批口拼，日夜不輟。著有《周易剿說》十二卷、《松下集》十二卷、《邦士文集》十八卷。

邦士好韓柳古文，所作見重於易堂諸子。曾燦序魏禧文集說：「叔子生平於吾易堂中，為古文最服膺其姊婿邱邦士，凡有作，必與論定。」邦士認為文章足以關世道，故為文講究法度，深思窮力，一字不肯輕下。其議論「好以深思淺出為奇」，然其散文的主要成就在傳記。代表作品有：《江夏公傳》、《曾公家傳》、《竹山縣令楊公傳》、《天民傳》等。《竹山縣令楊公傳》敘寫了明末竹山縣令楊煥所幹的實事、政績及清廉的作風，採用寫實的手法，一樁樁地列敘，朗若列眉，詳而不繁，細而不瑣。文章客觀上反映出明朝的黑暗動盪的現實：吏治的腐敗，貪贓枉法，官兵則借「剿寇」而魚肉平民。人民處於水深火熱之中，顛沛流離，起義風起雲湧，即便有極少正直、幹練、廉明的官吏，對明朝敗亡也無濟於事。結尾對明朝時中進士、輕舉貢的形式主義看問題的方法予以批評，主張品評官吏須具體看其才德，這在當時具有進步性。文章在寫楊縣令的大公無私時這樣寫道：「楊煥以事至他縣，出百里外，裹糧自隨，僅脫粟飯。或上官要人過，亦不能飾廚傳以悅其意。妻兄弟某受他人囑，冀恩恩義金三百兩，公曰：『吾豈以私情廢公義乎？』妻兄弟拂然而去。」邦士在這篇傳中選取典型事例凸顯楊公的廉潔，字裡行間充滿了作者的敬意。

邦士為人作傳，總能抓住人物的主要特點來寫，如《曾家公傳》中寫曾燦之父多次向朝廷進獻良策，以顯示明朝的滅亡並非偶然。《天民傳》中頗詳要選取魏天民「可為篤性奇偉者取法」的事蹟。邦士還擅長作序。著名的有《魏凝叔集序》論魏禧的散文創作道路，切中肯綮。文中提到魏禧早年作八股時文，議論繁

博，善於發揮；隱居翠微峰時肆力於古文，則情深氣和，精傑日出；出遊江淮吳越歸來，所作之文則煙波嗚咽，一唱三歎，文風為之一變。「凝叔之文，既精強於事理，操術甚切，而篤於情，暢於勢，明於辯。」「有不必為文而文者益勝焉者。」評論精當，文筆曲盡含蓄。因為邦士為文嚴禁，一字不輕下，嘗數月數日不成文。既脫稿，又隨手放置，因此，著作散失甚多。

二、寧都三魏之魏際瑞與魏禮

明末清初時，寧都鄉紳魏兆鳳的三個兒子：魏際瑞、魏禧、魏禮。明亡後，三人在父親帶領下，隱居寧都翠微峰，竟日號哭，不仕清廷。他們結交當時，在寧都的另外六名知名學者：邱維屏、李騰蛟、彭任、曾燦、彭士望和林時益，潛心文學，結廬講學。兄弟三人以文章名世，人稱「寧都三魏」。而三人之中又以魏禧成就最大：魏禧與汪琬、侯方域被譽為清初散文三大家，魏禧與侯方域亦被時人稱為「北侯南魏」。魏氏兄弟三人均列入《清史稿・文苑傳》。在三魏的散文創作中，他們表現出愛國文士特有的情操和品德，批判空疏虛偽的宋明理學，宣導「經世致用」之實學；總結了許多讀書治學的經驗和文學理論，並以之來指導他們的文學創作和現實生活。

第一，他們在散文的創作中表現了對時局的關心，注重總結王朝興亡的教訓。明朝末年貪官酷吏導致國力衰落，落得亡國下場，他們認為用人不當是導致明亡的主要原因。三魏在這一點上的觀點是一致的，他們主張任用博學之士、廉潔之臣來治理國家。魏際瑞《時務對》說：「伏承策問時務之急。竊謂救今之急

無過於用古之方，古方之效莫捷於用人，理財之政莫急於除害人害財之賊。」他認為清除害人害財之賊是當務之最急，是國家最先要做的事情。在《用人對》中，他說道：

「從古帝王自堯舜揖讓以外未有不因武功得天下者，非獨今日為然，然大定之後莫不置武功而尚文德。蓋非經濟學術不足以治理天下也？今天下定矣，而民之舊被兵革者二十餘年，猶戶口未復，城邑虛、田畝廢、財用乏，幅員有餘而經費益細。國家未嘗不受兵革之病，則非經濟學術不能治安也，明矣！今僉謂學士大夫修術者為無用，而專任未嘗學問之人尊武，棄廢節制，以為開國成家皆由此輩。夫章句小儒浮華末士誠無益於世務，而博學多識熟於古今興亡治亂之故者，竟其才用實，足以安莫生民以及稱一官一職。」

在他看來，如今國家雖然遠離戰爭二十餘年了，但社會卻城市虛空，田地荒蕪，財力困乏。要改變這種狀況，非當前朝廷中那些「未嘗學問之人」和「章句小儒浮華末士」能力所能及的，必須有經濟學術之士才能勝任。

深受明亡之痛的魏禧，在總結民族敗亡的歷史教訓基礎上，針對封建制度以「禮」治政的傳統，提出了猛烈的批判。首先，他把矛頭直指封建統治者奉行的「禮」，即提倡封建之禮來鞏固宗法秩序。魏禧認為那是「虛禮」，是封建統治最終走向滅亡的主要原因之一。他在《春秋列國論·周》說：

「春秋之世，文、武之典禮未熄滅於天下，故辭命為足恃，而莫著於鄭與周。鄭以辭命自全其國，周之君臣執與禮以折服天下之強侯者，則代有其人。嗚呼，此周之僅存而不亡者也，然卒以此弱而不振。……周為天下共主，其自強甚易，而君臣之號為賢能者，則皆以空言守其虛禮。為之既效，上下相沿，遂以為制天下之術在是也。嗚呼！周言典禮而卒於不振，後世以清淡治國，而欲其不亡也，得乎哉？」

同樣，他在《春秋列國論‧魯》中認為：「魯所以終弱，亦同於周」。由此魏禧提出反對空守封建的「虛禮」，認為一個國家的強大、政權的鞏固必須通過「內治」，而不能光靠外在的空疏無用的「禮」來「彌其外」。其次，針對傳統的封建君主專制統治，魏禧還指出，君主是人而非神，他們也會犯錯誤，而且由於君主或聖人自古以來具有至高無上的地位和權威，因而他所犯的錯誤而造成的後果就要比一般的常人更為嚴重：「古之大臣敬君如天之不可犯，而其淫暴昏庸足以危宗廟而覆國家。」（《鬻拳論》）他這種思想，不僅是一般地打破了君權神授的儒家傳統思想，而且包含著對封建君權制度本身的懷疑。除此之外，魏禧對傳統封建世襲制提出了批判。他認為明制之失的重要原因之一在於王室的世代「襲爵」。這種封建傳統世襲制最主要的弊端，就在於它「世其爵」而「不治其士」。「冠帶食祿」，而又「不興四民之業」，把國家的財產當作私產傳給其子孫，但卻不管國家政務。「不親政，不習兵，熙熙然食粟而高寢」，以致「極天下之財賦不足贍宗室之祿」（《封建一》）。魏禧這些對封建虛

禮、封建專制和封建世襲的反對與批判無疑是進步的，他那種敢於衝破世俗觀念，敢於反對權威的思想是難能可貴的。

魏禮在《與當事》一書中明確自己對明臣賢吏的態度。他說：「熏風初暢，草木敷榮，明公合時行，政德施普洽。幸甚，幸甚！竊謂郡縣之吏在於茲明撫字，省府大僚在於清屬察奸。蓋屬吏不清奸宄橫行，即有視民如傷之心而百姓究不得被其澤。」他認為好的官員應該是任用清廉的下屬，明察奸宄之吏。反之，也就是說，省府大僚應該任用清廉的官員，懲處那些傷民害人的汙吏，福澤人民。

第二，三魏在文章中對理學和科舉制度進行批判。在對社會衰落的原因進行探究時，三魏認為空虛無用的宋明理學，已經成了社會進步的阻礙。明末清初的思想家例如王夫之、顧炎武、黃宗羲等就曾反對宋明理學，提倡經世致用的有用實學。在經歷了亡國之後，在黑暗和殘酷的現實面前，魏禧與魏禮也意識到了經世致用之實學對於挽救民族和社會危機的急迫與重要。

魏禧既否定了理學家們「存理去欲」、「存養克治」等觀點，又揭露了他們「言行背馳」的虛偽性。《答施愚山侍讀書》中說：

「若夫性理之學，禧生平疏於治經，儒先之書，間一流覽，未嘗專意討索。而嗜欲深重，所謂耳目之於聲色，口於味，四肢於安逸者，皆不能自克治其氣質。每恥言行背馳，是以粗有撰述，皆不敢依附程、朱，謬為精微之論。」在《明右副都禦史忠襄蔡公傳》中，他又指出：「國家之敗亡，

風俗之偷，政事之乖，法度紀綱之壞亂，皆由道學不明。……然世儒之談道學，其偽者不足道，正人君子，往往迂疏狹隘弛緩，試於百事無一用。即或立風節，輕生死，皎然為世名臣，一當事變，則束手垂頭，不能稍有所濟，於是天下才智之士，率以道學為笑。道學不明，而人心邪，人心邪，而風俗政事乖，法度亂，紀綱失，而國家亡矣。」

他以漫畫的手法為偽道學家們畫像，予以辛辣的嘲諷，指出道學的危害性。

在批判理學的同時，三魏對以理學為思想內容的八股文與科舉制也予以批判。魏禧認為科舉制度不僅不能選拔真正對國家有用的人才，相反抑制和摧殘了人才。他認為：「三百餘年來，以八股取士，所求非所教，所用非所習。士子耳目無聞見，迂疏庸陋，不識當時之務，不知民之疾苦」（《送新城黃生會試序》）。魏禧還認為：「天下奇才異能，非八股不得進，自童年至老死，惟此之務。於是有身登甲第、年期髦不識古今傳國之世次，不知當世州郡之名、兵馬財賦之數者」（《制科策》），在這些文中，魏禧認為，八股取士讓士人知識份子癡迷不得脫身，竟而成為書呆子，毀滅了一個人的生命和智慧，是極其不人性的。不僅如此，八股取士還禍及國家：「（明朝）中葉至於末造，士非科目不能進，科舉之文，益迂疏浮濫不足用，偽人並售，禍及國家」（《洪武四年會試錄記》）。魏禧在《內篇一集自敘》明確表明了自己對科舉制度的態度：「制舉之業至今日而濫極。浮詞失意，詭言賊理，即有學為先輩大家者，專攻氣格，自擬古人，不知為

經濟言，而無當於王霸之略；為性學言，不足發明聖賢之理，雖極巧淩棟古人，皆雕蟲耳。夫君子始進必以其正，今日之學術，他日之治術，於此焉出。古有進不以道而棄卿相如敝屣者，況欺己欺人，以詭言惑天下，而僥倖於不可知之富貴，吾不許也。」針對科舉中的八股取士的種種弊病，魏禧提出育人之要求是：「恢弘其志氣，砥礪其實用……孜孜然博覽古今之故，親朋師良友以講求之……然後使之任一職則必稱，為一事則必成。」（《答南豐李作謀書》）要達到這樣的一個育人目的，他們認為必須以實學來對之。於是他們極力提倡經世之實學。魏禧在與弟子門人、友人的書信中，每每表示：「文章經世之務，吾皆願與砥礪，歸於實用。」（《告李作謀墓文》）除了在學術思想上強調經世致用，他們還主張身體力行。魏禧在《左傳經世敘》中指出：「讀書所以明理也，明理所以適用也。故讀書不足經世，則雖外極博綜，內析秋毫，與未嘗讀書同。」

　　魏禮也對理學進行了批判。在《公事牘序》中說：「予嘗與邱敏齊論曰：『豪傑必不可不知窮理精義之學，以救其偏執。有志學道者，則當務致用之為急。且聖賢無有有體無用之學，譬若水源既豐，發而為江、為河、為海、為川瀆，不可勝用。用之不足，必其體之有間，故欲斯道之興，非體用兼備，不可得也。』南豐甘先生健齊志學道者，夫世之迂道學也久矣，以其不適於用也，故必以致用補救之而道學始信於人。必束端之猴，屠龍之技，雖極臻高妙，無所施設，則亦無焉而已。」在這篇文章中，作者認為「夫世之迂道學也久矣，以其不適於用也。」指出當時流行的所謂道學的虛浮，強調「學道者應該以致用為急」。在魏

禮看來：「故斯道之興，非體用兼備，不可得也。」應該「以致用補救之，而道學始信於人。」

第三，三魏還用文章抨擊了清政權統治階級的暴行。三魏經歷了明清換代的整個過程，看到了清軍入關前後的燒殺劫掠和武裝鎮壓，看到了社會經濟遭到的嚴重破壞，人民處於水深火熱之中，這些，他們均如實寫進了散文中。魏禧在多篇文章中描述了當時百姓饑寒交迫、顛簸流離的景況。他在《吾廬記》描述：「山東方大饑，饑民十百為群，煮人肉而食。千里之地，草絕根，樹無青皮。」他在康熙十六年（西元 1677）第五次由贛州至揚州途中三千里見聞：

「……寇、兵所蹂踐，其夫妻子母死亡離散、不相保聚者，十之五六；無衣食饑寒死、垂死者，十七八矣。江南號稱樂土，然民困賦役，不舍十室而五。而揚之下縣，七年被水災，民死亡殆盡。前八月，予之興化省李廷尉疾，舟百里行田中，茫洋若大海無畔，其不能去者，則躡板而炊，婦稚赤躁相向水立，拾螺蛤於泥中。舟子言，如是者數州縣，凡千數一百里也。而予五客揚，自始至迄今，每來則災民乞食於市者，相摩肩不絕。城以外，多道死。嗚呼，何其甚哉！」（《贈黃書思北遊序》）

三魏對清王朝統治階級殘酷掠奪人民的罪惡行徑進行揭露，對下層苦難人民予以深切的同情。魏際瑞在他的《跋出郭九行》中說：「老杜《石壕》、《新婚》、《垂老》、《無家》諸別，每讀

輒悵惘累日。以謂人生到此，當者慘毒固已安之若命。旁觀岌岌哀懼，翻若不能終日。叔子作前六行，予作後三行，非規杜作。古人謂惟以告哀如人有痾痛，不覺其呼於口也。昔楊升庵每病老杜詩史之稱，乃摘其寡婦痛哭諸語謂非詩人溫厚和平、怨而不怒之旨。然刺褊心、斥讇死，著無良，指鬼蜮、墓門、坼父，何草瘍羊所直所斥者。蓋不一而足矣。書云：『詩言志』，有為而作，非有所擇而為之也。」作者站在歷史的角度，對杜甫的詩史有深刻理解，在與杜甫的「共鳴」中，展現了作者關注民生的積極態度。

第四、三魏還在文中熱情歌頌義舉志節。在他們的作品中，對抗清英雄、抗清義舉、節婦烈女進行了歌頌。魏際瑞《送燕客顧龍川序》：

> 「（龍川）年止十八，始發憤自立，逮為吏而家成，其後密城陷，賊以百姓呼好官得免死。龍川起家，吏員能使，城破時身及親屬十八口皆得全，此其生平可知。龍川所交遊、婚姻多達官貴人。國變後，有欲為龍川營一官。龍川不應，語先帝則泫然泣下。嗚呼！自朝廷重資格，百年數十年間，士大夫讀書成進士者，其視吏員雜職，雖殊材異能賤之，如足下塵土不足踐藉。吾以為士受天子恩澤，脫短褐，釋黎蕾身，都尊榮父母，稱封君，子孫富貴耀都邑，賢者持祿養交視朝廷，大利害如秦人視越人之肥瘠而不肖者，則欺君罔民，怙黨而營利誅殺赤子，破敗封疆，亡人家國而不之恤。若此，雖使為龍川躬糞除之役，吾則以為辱矣。」

在這篇文章中，魏際瑞讚頌了龍川不忘故君，不仕清之高節，批判了欺君、罔民、怙黨、敗疆、亡國之徒。魏禧在作品中甚至表示了對處於附庸地位的女子表現出的堅貞情操同樣表示讚揚。他的《泰寧三烈婦傳》中云：

「嗚呼！自甲申之變，烈皇帝殉身社稷，皇后從天子死。一時若馬公世奇、汪公偉、陳公良謨，皆妻妾同時死節，而海內通都大邑，下至窮僻鄉，婦人女子守身不辱，視僵死如歸，以禧所見傳聞不勝記。吾寧都蕞爾邑，有若職方主事彭錕妻李氏，城破，同夫自經死；東門曾氏一門三烈婦；禧再從姨葉芊妻謝氏治賊自扼其喉，皆禧所親見。他或名氏無所考，或久失其傳。嗚呼！二《南》之化，亂離板蕩之日，抑何其速且遠也？節義之故，夫豈不以一人哉？禧讀新城孔鼎紀泰寧李氏事最奇特，其二妾從死甚烈，作《三烈婦傳》。」

《三烈婦傳》贊的是貞節婦女，而《明右僉都禦史江公傳》、《同知潮州府宗公家傳》、《明太常寺少卿盧公傳》、《明知龍溪縣塗公家傳》、《明遺臣姜公傳》等則盛讚明末遺臣為國為節殉難死節不惜的精神。

魏禮也在為數不多的傳中寫了幾篇此方面內容的文章，如《寧都先賢傳》、《許母傳》、《陰宜登傳》藉此歌頌烈舉。如他的《祭陳將軍文》開篇：「嗚呼！以君之忠勇而竟死於小邑窮山之間也，豈不惜哉！君內為總戎許公之心腹，外為同僚之手足，

威名遠著於江閩，而近為吾郡吾邑之保障。而遂如是以死，豈不惜哉！」以哀悼方式表達自己對為國死難之士的崇敬之情。

　　總的來說，三魏兄弟雖為布衣，但是從他們身上可以清晰地看到儒家士人對社會的強烈責任感。他們在黑暗的統治下，不畏強暴，拿起筆來揭露當朝統治者的罪惡，讓我們看到了三魏文化鬥士的一面，對下層人民的關懷和對志節義舉的歌頌，又體現了他們可貴的思想、高貴的品格。充分展現了一個傳統知識份子的良知和責任心。

魏際瑞

　　魏際瑞（1620-1677年），原名祥，字善伯，號東房、伯子，寧都人，魏禧之兄。明亡後，其弟魏禧、魏禮都辭世不出。作為長子，魏際瑞為了宗祠家計，順治十七年（1660年）考為貢生。「際瑞重信義，翠微峰諸隱者及族戚，倚際瑞為安危者三十餘年。」康熙十六年（西元1677年），奉命招撫叛將韓大任，為韓殺害，時年五十八。魏際瑞幼能屬對，《清史稿・文苑傳》載其「篤治古文，喜漆園、太史公書」（1977年中華書局版《清史稿》四八四卷一三三一七頁）。著有《魏伯子文》十卷，《雜俎》五卷。

　　魏際瑞作文很強調用真情創作。在他的幾篇論文中都提到用真情創作。他的《與子弟論文》認為「詩文者不外情、事、景。而三者情為本。」他在《答友人論文書》中對緣何主張以「情」行文有詳細的論說：

　　　　「謂文章必有所以為文者，夫所以為文者，非他，則情

是也。文乃極天下之虛，變化神妙，不可方物，而所以本而發之，發而達之，而盈於天地之間者，則非有至實之物無以相致。故夫人之涕唾便溺也，必有氣焉以充之而後出，草木之華，鳥獸之羽毛也，必有脈焉以貫之而後榮。故曰：『無情者不得盡其辭，情者，辭之本也，本不立而末具焉，天下無斯物也。』《書》曰：『辭尚體要。』《易》曰：『聖人之情見乎辭。』夫既有體有要，而見之乎情矣。故凡托為浮華雕飾而矜誕敷衍以成其章者，是皆情之不足以至。

蓋嘗觀於愚夫愚婦，泣歌舞之誠，其言初不足以為文，而其出之口者，雖聖於文章之士，往往極其致而無以過之，蓋其情極意誠，精神皆赴，是為源盈而溢之，候必將洋洋充滿，心手相得，以成其章。」

在這裡他開篇就提出了：「夫所以為文章者，非他，則情是也。」並進一步提出「情者，辭之本，本不立而末具焉，天下無斯物也。」失去了「情」，則文章失去了立足的根本。他認為愚夫愚婦的真情之文之所以比一些文章之士用心而成的文章還要好，根本原因是在於用「情」和不用「情」的緣故。如果「情」滿於胸，則會手心相得，寫出好文章。這種創作思想與一千多年前的陸機的「詩緣情」（《文賦》）相巧合。

其次，際瑞作文還注重氣勢。他在《答石公論文書》中認為「夫文者在勢」，「識力之文，力或不繼，則不能盡識之才用。」如若氣力不繼，則論述不能盡力施為，不能展現自己的才華，也就不能使論述完備。他在《與甘健齋論詩書》詳說到：

大抵作詩作文，非神氣洋溢，有發不可禦之勢，則必不
能信手信口，遽成妙緒。雖有小致，如市井少年，佻達可
厭；雖有格言，如老婦家常，絮恬不可耐。究言其弊，總由
識不能自擇，力不足以自持，又以性所篤好，故所言所事，
往往強攝而歸之，故至此耳。

　　文莫重於氣格，語傷於氣，雖甚美，必刪。夫美小而所
傷者大，亦奚貴焉？愚故曰：字之精，不如句之煉；章之
奇，不如格之老，詞之灝瀚，不如氣之有餘也。

　　在這裡，魏際瑞以文學家創作與普通人相比，雖然心中的感
慨類似，但是文學家的創作效果與市井少年所敘、家常老婦的絮
叨是完全不同的。因為文學家在進行創作時，有注意醞釀自己胸
中的氣勢，那是不可阻擋之勢，在它的驅動下能作出妙論高語，
反之則「識不能自擇，力不足自持」。

　　魏際瑞還認為，如若語言與氣勢有衝突，那麼即使語言優美
也必刪去。在他看來，字精不如句煉，章奇不如格老，詞灝瀚不
如氣有餘。他在《與子弟論文》中就以形象的比喻來說明氣勢大
小對文章的影響：「近聽而震耳者，鐘不如鑼，馮夷大炮，不如
行營小銑。然鐘、炮聞數十里，鑼與鏡不及半而寂然矣。浮急之
聲，躁滑而無力。凡叩而即鳴、鳴而即傳者，皆力量氣魄之不足
以自恃也。文章大家、小家之辨如此。」

　　他甚至還認為，為了保持文章的氣勢，不惜忽略其他字詞上
的毛病，「古人文字有累句、澀句、不成句處而不改者，非不能
改也，改之中傷氣格，故寧存其自然。名帖之存敗筆，古琴之仍

焦尾是也。」從這段話我們可以看出他對氣勢的理解和重視。

　　另外，魏際瑞作文還強調文主平實。他在《與周公書》中說到：「愚竊以為大家之文，其奇者在至平，其密者在至寬，其曲者折周翔斷續轉換者在直，其味在平淡，其膚麗姿致在樸。」他認為真正的好文章，大家之文是平中見奇，密中見寬，曲中見直，樸中見麗。同時他又反對片面追求「奇」、「怪」。認為片面追求新奇譎怪，比語言無味更不可取。「而專好新奇譎怪者，病甚於此。好奇好怪，即是俗見，大雅之士不然耳。」（《與子弟論文》）但是在提倡平實時，既反對枯燥無味：「語言無味，面目可憎，此庸俗人病也。」（《與子弟論文》）

　　魏際瑞對文章的創作提出了一系列的理論主張。在實際的創作中，他也確實身體力行。他的文風最大的特色是「文以法勝」。清初文學家陳玉琪在《魏伯子文集序》中說：

　　　善伯文大約以法勝者也。文不可以無法，然從規摹於古人，尺寸不失。第可為古人之法，而我無與；惟不見所以用法之故，若絕不類古人，而古人之法具在。特不可執一古人以名。嘗見善弈之家，按譜布算，攻守進退，盡得其法，未嘗不足取勝，而更有人焉，於閒散漫不經意之處落落布子，前無所依，後無所據，茫然不知其意指所在，已而迴環轉應，其所以制敵之妙，實在於此，然後知善用法者能用法於無法之先，非按譜者可幾其萬一也。善伯才最大，雖詩、賦、詞、曲、六朝駢儷之作，無不臻妙，而其文尤能用法於無法之先。

陳玉琪首先指出，「魏際瑞文大約以法勝者也。」即是說，魏際瑞作文多法度井然，能做到用古人法，又絕不類古人，行文變化多端，不拘泥古人，自成一家。接著陳玉琪用下棋比際瑞作文，認為際瑞作文像高手下圍棋一樣，能在前無所依、後無所據的地方出其不意得出高見妙論，達到「其文尤能用法與無法之先」。

　　魏際瑞對作文之法的身體力行與他長期遊身幕府有關。長期以來，際瑞在幕府中擔任的工作是文字官，即協助官員起草各類公文。在行文的過程中形成了思維嚴密、講求邏輯的作風，因而其作文亦法度井然，結構嚴密。如《答友人論文書》中第二段起首：「文乃極天下之虛，變化神妙，不可方物。而所以本而發之，發而達之，而盈於天地之間者，則非有至實之物，無以相致。故夫人之涕唾便溺也，必有氣焉以充之而後出；草木之華，鳥獸之羽毛也，必有脈焉以貫之而後榮。」論虛由實生，用「夫人之涕唾便溺」、「草木之華」、「鳥獸之羽」來比喻，形象貼切，語言既生動，說理也透徹。誠如魏禧所云：「伯子之論文，曰由規矩者，熟於規矩，能生變化；不由規矩者，巧力所到，亦生變化；既有變化，自合規矩。」

　　例如他的《閻將軍壽序》：

　　　文章之士，聲氣滿天下，而拳勇豪俠之士，聲氣亦滿天下。然是二人者，多不相能。文人謂武人不足語，武人又謂文人無用，不識時務。故無事則兩相譏，有事則兩相軋。是二人者，吾甚惜其才可用，而悲其兩美之相傷也。

　　夫天下才智，不出文武二途。惟真能讀書者，能收羅拳技、至駕之徒，以破其書生拘腐之氣；而真能用武者，亦必有以善交縫掖、章甫之士，資詩書禮義之氣，而化其粗疏暴慢之心。河南有閻將軍者，起家行伍，弓馬戟刺妙天下。予以為此其本事不足異，惟是其平易近人，沉毅多智，俠而慎，豪而有禮。所到之處，車轍填委，無日夜無賓客，尤樂交文章之士。佳書名畫，周商之器，往往與寶劍、雕弓錯陳幾榻。方其酒茗溢溢，壺矢鏗鐵句，起坐喧嘩，弁履倒側，而輕裘緩帶者亦優遊指顧於其間，竿築雜鳴，笑罵相錯，繼昏旦而不罷。斯亦天下之至豪矣！

　　昔張公齊賢作秀才時，不拘小節，嘗遇暴客於野，就求飲食，滿引大嚼，旁若無人，而狄武襄、曹武惠獨折節好士，逡逡有儒者風，德、量、智、識，為賢人君子所推服。由此觀之，其於世所謂文武士，豈不大相遠哉！

　　癸卯二月，為將軍四十之旦。其朋友在京邸者，徵予言壽之。予以丈夫四十方強，未足為壽，惟將軍有所以自壽，故為述平昔之言以贈。

　　壽序是種祝壽的文辭，作為一種文體出現較晚，元朝偶見，盛於明清。一般壽序大多是褒揚對方為主旨，故而其文風都浮誇。而這篇壽序不同，以識議見長。文章開頭便批評了文、武之士相譏、相軋的世俗，認為文武可以交結，可以取長補短。接著對閻將軍述評時，僅以「起家行伍，弓馬戟刺妙天下」十一字來概括其出處與武藝而已，用「此其本事，不足異」將此一端撇

開，可謂惜墨如金。轉而描繪其詩書禮義之氣，及與文士的結交，而後歸之於「斯亦天下之至豪」，為前文的立論提供了有力論據。然後又以三個歷史人物從文、武兩個方面來印證前論，為人們樹立樣板。結尾時構思奇妙，以「四十方強，未足為壽」來排擯祝壽的浮詞，卻又言「將軍有所以自壽」來表達其贊許、勸勉之情。文章雖短，但立意、取材、布局均別有法度，在平淡中蘊含了作者對閻將軍的溢美之意。

另一篇《送陳將軍序》亦寫得別具一格。原文如下：

> 貧山阻水之區，多寇盜，竊發經國者必建陣其地，以兵聲懾之。然無兵，則民病賊，有兵則民尤病兵。故駐防之兵與民相安最難。予年家寧都曾子之公車必謁予，其諸弟以比士來會城，時時接見。一辭之日，敝邑既破落，復重以駐鎮之兵。然近年稍得安，堵者則左協中軍陳將軍力也。將軍是楚產，其人倜儻有氣誼，而愛民好士甚於儒者。民有不便，輒曰，我將控之。陳父時或以徵調出數百里外，間淹久一二月。則士民重足搖搖而立。以故將軍亦視寧人如一家。至以直道犯督帥，事幾覆而後解。諸曾言如是。予年來杜足洲渚間，不復關朝廷事，若世不我釋，一旦與公卿黜陟，天下若將吏若陳將軍者，吾安得默然？嗚呼！「不得元次山，其人參錯州郡，坐致太平。」此杜少陵所為感慨也。……噫嘻，悲哉！世之吏民罔下而愚上者，嗟乎！將軍勉之矣。他日肅州之人即寧人也。其記述功德將有以什伯，予之不妄。予且與寧人樂聞之。

文章開篇指出無兵則民病賊，有兵則民尤病兵這一普遍現象，讚揚陳將軍卻能率兵使賊逃，使民安。突出陳將軍之能力與恤民之心。

《送南贛左協楊將軍移鎮浙江序》也是別出心裁之文，說楊將軍不但能使盜賊不會在自己管轄區內作亂，還能使他們在鄰縣也不敢作亂的這一業績突出，從而說明楊將軍有非常之才。曾燦在《送南贛左協楊將軍移鎮浙江序》評論此文道：「議論斡旋最佳，須看滿紙俗情，卻無一筆入俗處。」其實際瑞的古文都有這個特點，看似平淡無奇，實則運筆頗有講究，褒揚之意，亦不顯山露水地表達出來，能使讚美之辭、歸勸之意、愛民之心不落痕跡地表達出來。可以看出魏際瑞作文講究選材、立意之法，使得文章煙波疊起，使古文以情動人的特色貫穿全文。

魏　禮

魏禮（1629-1695年），魏禧之弟，字和公，號季子。自幼師從魏禧，性魯鈍，不善言，但他刻苦砥礪，勤學遠遊，在文學上亦卓有成就。魏禧對其詩文評價頗高：「吾季子詩好漢魏，文好周秦諸子。及其成也，詩類韓退之，文則近柳子厚⋯⋯曾止山《過日集》言，當今布衣詩，和公為第一。予亦謂其沉鬱之中，發為孤響，矯顧騰騫，意極雕琢，而樸氣不漓。」（《魏叔子文集》）著有《魏季子文集》十六卷。魏禮對古文創作也提出了自己的看法。其理論主張主要體現在他的序中，概括起來主要有：

第一，強調有「我」而作。魏禮很是注重創作時要有「我」，他說：「且夫述作而無我，我何為而作哉？人之貌不同，以各有其我；人之詩文兢出而不窮，以其有我也。是故以古人之

氣格識法而成其我，徒我不成，尤必具五官百骸血鬚眉髮爪而成人，人人皆同而皆不同，各我其我也。」（《阮疇生文集序》）魏禮認為詩文層出不窮，自古至今都如此，就是因為作家的各自面貌不同，以各自不同的自我去創作，因而形成各自的特色。所以創作必須有自我，有自我才不會失去本色，有自我才能使詩文兢出。如果創作沒有自我，只是模擬他人，這樣的詩文就沒有特色，就不能成為好的作品。好的作品就應該像人一樣，應該有形骸有血有肉，就像人的五臟六肺，每個人都具有，但又都不同。他的這一觀點可以說與那盛極一時的前後七子「文必秦漢，詩必盛唐」創作主張絕然不同，是對模擬剽竊之風的排斥，在模擬剽竊創作風氣尚未消除的明末清初，他的這一主張無疑是進步的，有著積極的意義。

　　那麼如何在創作中保持自我，也是一個必須解決的問題。魏禮認為只要用「真情」、「真意」去創作。只要「情」與「我」合就不可不作，既使是古人作了，別人作了，也可以再作。因為大自然的萬事萬物都是喚起文人創作的動因，古代如此，今日嘗不是呢？他在《答楊禦禮書》中這樣解釋「真意」：「古人言：『詩須有謂而作。』有謂者，我之真意，所謂發乎情是也。流連山水，點綴花月，亦必有我一時之情之意，則此乃為我作之詩。古人已作，我可更作；我作之，他人又可更作，千萬作而境不窮者，有謂故也。古人、他人，情與我合，而我竟不作者，有謂故也。」在魏禮看來，無論流連山水，點綴花月，還是有一時之情、一時之意，只要是「我」心之所感，皆可進行創作。同時他對「真」從何來，也作了闡述：「即具超絕之資，淹該之學問，

必根夫聖賢大道以立本，會諸家以養其氣，極深研幾，攻苦積歲月，使境與境化，而化與境生，然後能自有也。」（《於南文稿序》）魏禮眼中的「真」是窮歲經年地刻苦攻讀，用聖賢大道以立本，融會諸大家以養其氣，然後才能得到。他認為人對外界的領悟決定了創作的精神是否精深，而大家要想提高自己的感悟就必須提高自己的積累，包括才和識，認真地學習古人之書，是提高自己思想和水準的重要途徑。魏禮對於創作的這一觀點與魏晉時期文論家的觀點是相同的，都強調了向古人、典籍汲取素材和積累經驗。

第二，重視作文方法。魏禮不僅在內容上強調要有自我，要有真情真意，還要求在形式上重視謀篇布局。他在《答友人論文書》中說：「且夫風雲之變不一，而要不出乎山澤之氣，飛搏而上雲溟，不離乎地。神奇變化，不外乎法，常至而怪，實至而靈。故曰：本豐者流沛，操法者能奇也。」在他看來，文章虛實相生，變化無窮，但離不開虛與實，就如風雲之變，山澤之氣離不開天與地一樣。造成變化的原因是有「法」這一法寶。操作有了法度，文章就有了生氣。他還說道：「章法之妙，淩而不亂，始則春潦滿眼，終則縮川灌河。神龍見首不見尾，率然之蛇，擊其尾則首至者。執此有要，川河自有徑；神龍率然，自要首尾也。其為春潦也，川河也，無首尾也，首尾俱至也，一也，此操法之妙，有以運之也。」文章有了法度就可以像川河有徑，神龍首尾相顧。

具體到創作實踐中，法度如何體現呢？魏禮還細緻地論及在創作中如何體現法度：

「詩古文可豪不可粗，可暢不可易，可奧不可僻澀，可樸不可率而俚，可奇不可誕，可靈不可巧，可細不可弱。長篇不可蔓衍，以其有分數提頓也；短篇宜意味悠永，以其勁轉曲折而可咀嚼也。峭者當益腴，華者當益潔。可正不可迂，可古勁不可生撰。敘事之文，當審位置之先後，而格法出其中也。深者不可晦，淺者不可薄，簡者不可疏而略，文不文之辭不可相揉雜也。最不可者曰順寫，堪與輿家之所謂奴龍也。不有格與法與體，要不可以言文也。」（《答孔英尚惟敘》）

他詳盡的闡述了作文之時應該心中有法，即大到謀篇布局，小到段落、章句都應該成竹於胸，這樣才能高屋建瓴，宏觀地把握文章的結構行文，做到有條不紊，粗細結合，虛實相生，華腴得當，深淺適宜，文章就能寫得體格勻稱。

魏禮在創作中以「真」為創作的血脈，以「法」為創作的骨架，因而形成他獨特的風格。大致有以下幾個特點：

第一，立意新奇。魏禮散文立意新奇者甚多。《答蕭來巢書》一篇就是其中之一。其開篇云：「古之言不朽者，曰立德，立功、立言。則既以立言為末，雖然，亦視其所立之言何如也。使專攻於風雲月露之辭，則誠足末之矣。而言慕重者則不然。」「三不朽」本是儒家崇尚的人生境界，然而魏禮卻推翻成案，立論新穎。在大家都認可的「立言」內容上推陳出新。在具體論述上，他的新奇之處也表現明顯：

「堯、舜、禹之道德，非《典》、《謨》之言不傳也。孔子有《春秋》之言，故大義凜凜至於今。忠臣義士與夫功業稽天者，世逝而跡泯矣，非記載之言不傳。姬公無《周禮》、《儀禮》之言，六官、禮儀之典制莫攸定。孫、吳諸人不著書，則兵法之言絕。無《禹貢》之言，則山川導治之法亡矣。夫傳忠臣義士，非特傳其人而已，所以作則於後世存焉也。由是觀之，立言惡得末乎？且夫德修於身，而不能期其必彰，不彰，則無傳；功業施於當世，宏濟生民，此聖賢之所急也，有時命焉，而非己所能必。立言者，德與功待而傳，己能必者也，在為不為而已。讀百世以上之書，而能感受發興起千百世之下，非言乎？即末之而道情款，陳鄙事，刻寫物狀，宕蕩其胸中之懷來，亦言所不得廢也。立言者，不綦重矣乎？」

他通過論述前代書籍、著述對後世的影響，凸顯了立言的重要作用。接著將立言與立德、立功進行比較後，充分肯定立言的社會價值及其對立德、立功的作用，將道理推進一層，使論述更加有力。然後又用「即末之」作一退讓，使得所立之論更加無懈可擊。

再如《贈楊生序》先從議論說起，用「不務苟得之，難；貧而不務苟得之，尤難；貧以得財為務，而不務苟得之，尤難之難。」逐層深入，為下文作鋪墊。接著記敘楊生家敗落後，以百家技藝遊四方自養時，幾件拾金不昧、濟人之困的事蹟，並通過自己的讚歎，將一些儒者言行不一、見利忘義的醜行與之對比，

突出楊生此舉的難能可貴，與開頭的「尤難之難」相呼應。文章到此本來就可以結尾，但魏禮卻又推進一步，列舉嚴嵩、嚴君平的史實，指出用百家藝也可以勸惡從善，從而勸勉楊生憑其技藝以廣其德。立意又更高了一層。

再如《為谷說》：

> 「谷之道下，而能容隱而不速見。水可積也，鳥獸草木藏焉。且夫顯者易晦，銳者易鈍也。不顯不銳者，無晦鈍矣，此為谷之道也。谷根山，山顯銳出而谷連於山，山之形也。胡為盡山也乎？谷以藏山，山以出谷，谷也亦山也，谷其深遠矣。故老子曰：『知其雄，守其雌，為天下溪；知其榮，守其辱，為天下谷。』此為谷之說也，故山可崩，而谷自在也，嚴也，其勉為谷乎？」

應該說，以大自然喻人的胸懷不是魏禮的獨創，早在先秦時期就有，孔子、莊子等先秦諸子就以山川河流蘊含深刻的哲理。「仁者樂山，智者樂水」，就以山來比喻人的胸襟。但是在魏禮之前大家都只是以意會式的方式傳達。魏禮在這篇文章中以山谷喻人的胸懷，他從山谷不顯不銳，山崩而谷在等特性，暗喻人應該像山谷一樣，韜光養晦，不但立意深遠，而且論說細緻嚴密。文章的結構章法嚴謹，說理又透徹清晰，讓人心服不已。《宋高宗論》更是從另一個角度予以論述：

> 「宋高宗篡獄之賊也。何以言之，昔鄭叔段為不義，莊

公誅之。《春秋》書曰：『鄭伯克段于鄢』；晉趙穿寶弒靈公書曰：『趙盾弒其君』。凡此者，誅其心也。然則高宗即位非正乎？曰『否』。二帝北狩，高宗以至親嗣國正也。然則何以為篡？

高宗屈己厚幣請和於金，皆以復二帝為名。其名若恐二帝之不復而惟恐其復者，推其可以手劍於其父兄而不恤。何則？出於必不可復之道，而舉其事之可以必復試者，斷然而不肯為，則雖不謂之篡，不可得也。且夫戰之必有功，和之必有敗。其敗成效可即見，雖婦人孺子皆知之矣。而謂高宗不知乎？方張浚、趙鼎請人執議於朝，宗澤、岳飛、韓世忠、吳玠諸將致死力戮力所至有功，其餘拔城殺敵自效者不可勝記。當是時，使高宗真以迎復為驅環甲胄鼓勵戰功。其逐北金人歸二帝於沙漠，猶決潰堤下，沖波而不可禦也。計不出此而反覆悖戾，方故以撓其成，使金人窺其心而挾之於外，汪伯彥、秦檜之徒窺其心而持之於內。嗚呼，向令二帝得反中國，雖稽首而固讓之，彼將卻從而弗肯居矣。韋大後自金還，遂不敢述欽宗車前之語，蓋亦有以信其心也。宋高宗之謂乎，夫以春秋之法、董狐之義，則高宗篡弒之誅必不容甚矣。後世之無直史也。」

以元代宋，這是傳統儒家知識份子的恥辱。魏禮在文章中詳細分析了為什麼宋高宗議和，仁宋與欽宗仍不能回，宋家王朝的統治日薄西山。魏禮認為高宗實是不想讓他的父親與哥哥回來，威脅他的皇位，所以在議和方面沒有盡心，而且還心懷他意，因

此他有弒君篡位之罪。文章開門見山地立論,「宋高宗篡獄之賊也」。對一個皇帝予此評價,是需要膽識和證據的。魏禮通過對當時形勢進行的詳盡分析,得出此結論,可謂別出心裁,立論新奇。

第二,構思奇特。魏禮散文注重構思,各種文體都具有這一特點,無論是文章長短,均匠心獨用。他的記事散文《鄒幼圃來翠微峰記》,記敘無錫文士鄒幼圃來翠微峰拜訪易堂諸子的情況,旨在稱譽鄒與易堂諸子之間友情之真誠深摯。所敘情事本屬平常,可構思卻獨具匠心。原文如下:

「人之有真氣者,乃有奇氣。激水以為波,疊巘石以為山,未嘗不甚奇,一再視之,則索然氣盡矣。吾翠微峰以奇險聞天下,然岡巒起伏回薄,池亭樹竹所位置,皆一任天造,無有雕飾,而里之人罕登者。登,人亦罕真知之。

乙卯九月,鄒子特來贛州,於是彭躬庵、邱邦士、林確齋、彭中叔皆來。中叔有姻事,人會者皆曰:『客來何奇也。』當是時,山賊滿灘路,舟行愓息。而鄒子非有衣食謀,驅馳仕宦之不可已,獨以朋友山水之故,故人咸怪之。予笑曰:『非真知鄒子者也。夫人于朋友,真不可釋,雖萬變不得奪,死生患難且後視之,而何路險難之足云?』鄒子曰:『予溯灘已,輒索舟中人指翠微一望見之。至寧都,如至吾無錫,登山見諸子,如履吾堂房而見家人也。』鄒子至之先日,夜大月,至日,天暗晦。吾叔子歎曰:『安得月光來延吾客乎?』薄暮坐勻庭中,風起雲四盡,月出如白日,

池水光可見鬚眉。鄒子大叫『奇絕』。確齋新病，蘊火重絮從之，相與坐中夜乃罷。

鄒子住七日，明日之冠石，作《遊翠微峰記》而去。」

這篇文章屬於記遊之作，既要寫景色，又要寫人。魏禮以「人之有真氣者，乃有奇氣」將全文的立意主旨點出，一反遊記類作品大多是以刻畫描寫為旨意的常規，將重點放在了人身上。然後依此狀物敘事：「激水為波，疊石為山」，貌雖「奇」，一再視之，則索然氣盡，原因在其不「真」。翠微峰「奇險」聞天下，在於其布局一任天造，無有雕飾，暗應一個「真」。至此，景物的描寫均為了突出鄒子的形象：鄒子於山賊滿灘路時遠道來造訪易堂，人以為「奇」，實乃出於友情之「真」；鄒子之言，再次吐露情誼之「真」。叔子盼月延客，果風起雲盡，月出如畫，是為「真氣」所至；確齋抱病陪客，亦無不出於「真」。「真」、「奇」二字如此貫穿全文，或明出，或暗出，耐人尋味。難怪鄒九楫評此文道：「季子文多以奇勝，妙在極平常處經其手腕，無不崔嵯岹峭，乃知大手筆正不欲於極平處放過也。」魏禮的《三醉海棠記》的構思也很奇特：

「精神所至，天必應之。然，而或不然。予性好花、樹，移植必豫掘坎，疏糞土，而復藏諸，使之和柔。為坎必廣且深，至時覆發土。栽，橫斜薪竹以為扶持。於是或非時，或幹盈數拱，修一、二丈，移而生者十九。灌溉不勤者，不能也。嘗親捧盆盎以溉。丁巳首春，客遺白海棠一

本，雲產於閩。高未尺，枝著三四花。形神絕清異，與姑射仙人日相對也。予愛護甚至，而戊午冬忽枯死。寧化陰生嘗來山中就學，聞予言，曰：『請訪以致。』予未遽為然。癸亥之臘，坐梅花下，紅白交，林如春園，桃李多幽香。兒效從城中致陰生書，白海棠俱來。喜甚。本視昔本小長，含蕊七。予日日視，至於開，再春益爛漫。花初娟潔，比昔本花。三四日著微紅，如美人顏酡。可五六日後，紅深醉矣。置之紅海棠下，各有致。效、儼、侃皆侍，效曰：『三醉海棠也。酬多於昔。』予笑謂三子曰：『是則然矣。完顏、奇握溫，天應之；顏平原、張睢陽、文信國，而天不應。天乃應予以白海棠也。』陰生書云：『是花獨伊氏一本，接枝得此。伊氏喜以贈予。』贈之者為伊君若符。陰生、寅賓也。至之日，在除夕前二日。」

此文開頭以「精神所至，天必應之。然而或不然」寥寥幾字議論統攝全文。下文作記均圍繞此種旨意，先寫作者移植花、樹生有十九，應一「然」字。次寫作者對白海棠「愛護甚至」，卻「忽枯死」，應「而或不然」。後寫三醉海棠特有的色澤與神韻，以「酬多於昔」再暗應「不然」。至此作者以「笑謂三子」略加發揮，對歷史上的幾個人物加以點評：金統治者完顏、元統治者奇握溫雄霸天下，是天應之，為「然」，而顏平原（顏真卿）、張淮陽（張巡）、文信國（文天祥）之壯舉失敗，則是天不應。其後一句「天乃應予以白海棠」實是耐人尋味，在此暗示自己的鬱鬱不得志是天不應予以事業。文章一波三折，情趣橫生。

　　魏禮在三魏中名氣和影響較魏際瑞和魏禧而言要遜色一些。由於魏禮天資並不是很高，小時其父母還認為他比較愚鈍。他的文學成就很大程度上是他刻苦學習的結果。特別是成年以後，不滿寧都翠微峰的閉塞，先後南下海南，北及山東，西至四川等省。所到之處歷窮山、涉惡水、交奇士，大大豐富了他的創作，他的作品往往注重雕琢、推敲，與其二位兄長相比，他的古文創作更注重寫作技巧。魏禧評其文時，曾說他文似柳子厚。魏禮的作品與人品均獲得了很高的評價。

　　「寧都三魏」是一個家族文學群的典範。在他們三人的影響下，他們的侄輩魏世傑、魏世徵、魏世儼三人又被稱為「小三魏」，「小三魏」在文學創作上繼他們之後再次得到世人的認可。在三魏中影響最大的是魏禧，鑒於篇幅結構的安排，魏禧將在下節中重點介紹。

三、其他作家：李騰蛟、林時益、曾燦

　　李騰蛟（1609-1668年），字力負，號咸齋，寧都縣人，明末諸生。明亡後，同三魏隱居翠微峰，謝絕四方交遊，後遷居翠微峰西側的三巘峰「半廬」，在那裡設館授徒。李騰蛟在「易堂九子」中年最長，為人淳厚，諸子皆以兄事之。九子中李騰蛟去世最早，諸子私諡「貞惠先生」。因以其「當乙丙間除諸生籍，二十餘年，非法之物勿服也，非法之人勿見也」，故謂之「貞」；「性誠後愛人，與人熙熙然若惟恐傷之，雖弟子門人犯之勿較」，故謂之「惠」。其文風近於陳子昂、張九齡之間，是易堂諸子中對《易經》研究較深的人。著有《半廬文稿》、《周易剩

言》。

　　林時益（1618-1678年），本姓朱，南昌人。本為明宗室子孫，名議霶，字作霖，一字用霖。明亡後，更改姓名，與彭士望一道攜家隱居翠微峰。康熙七年（1668年）朝廷詔令為「竄伏山林」的明宗室成員還田廬，復姓氏。林時益卜居不出，於冠石峰結廬傭田自給，專意種茶、製茶。林時益文章長於議論，感慨激憤。晚年喜詩書，書法有二王之風。著有《冠石詩集》五卷和《確齋文集》。

　　彭任（1624-1708年），字遜士，號中叔，因居所名為「一草亭」，又稱草亭先生，寧都縣人。「二十歲棄制舉而習詩文」（《草亭文集自序》）。一生博學多識，通經史，工詩文，擅書畫，習武藝，旁涉醫術。其文議論精闢，詩作饒有情趣。其著作頗多，有《草亭詩集文集》等。

　　曾燦（1625-1688年），原名傳燦，字青藜、止山，寧都縣人。父應遴為崇禎進士，官至兵部給事中，明亡後病卒，曾燦祝發為僧，遍遊閩、浙、兩廣。後因祖母與母親思念成疾，回歸寧都築「六松草堂」，奉養高堂，而後僑居吳下二十餘年，客死燕州。曾燦擅寫詩，魏禧說他：「為人願樸沉摯，然少負才華，以風流相尚。所為詩，工美多豔。及遭世變，更歷患難，詩日趨於老樸。」

第三節 ▶ 清代前期重要作家：魏禧

　　魏禧（1624-1681），字叔子，一字冰叔，號裕齋、亦號勺庭

先生，寧都人。十一歲補縣學生。康熙十八年（西元 1679 年）徵舉魏禧為「博學宏儒」，禧以病辭。魏禧與兄際瑞、弟禮躬耕自食，切劘讀書，以文章著稱於世，「『三魏』之名遍海內。」「三魏」之中，以魏禧的文學成就最高，無論從數量上還是從品質上來看，他都遠勝魏際瑞和魏禮。在《寧都三魏全集》中輯錄三十三卷，他的作品數量比魏際瑞和魏禮兩人作品總量還要多。魏禧在易堂諸子中文學成就和影響也是最大的，在清初文壇上占有重要的地位。

　　《清史稿·文苑傳》記載，魏禧為清初開風氣之先的一大家：「清運既興，文氣亦隨之而一振，謙益歸命，以詩文雄於時，足負起衰之責。而魏、侯、申、吳，山林遺逸，隱與推移，亦開風氣之先。」他又與侯方域、汪琬齊名，承續唐宋古文傳統，並稱「國初三家」。《四庫全書總目提要》指出：「古文一脈，自明代膚濫於七子，纖佻於三袁，至啟、禎而極敝。國初風氣還淳，一時學者始復講唐宋以來之矩矱，而（汪）琬與寧都魏禧、商丘侯方域稱為最工。」魏禧對各種文體的創作都有很高的文學成就，他的創作理論影響也相當大。

　　魏禧的主要文學成就是散文。以歸隱和遊歷為標誌，魏禧散文創作可分三個時期，各自有著不同的特點。

　　第一個時期，少年治四書時期，求其意義廣博而喜議論。此時期魏禧認為文旨惟經義中可以無所不盡，因此致力論策制科，並以餘力間為雜體。於經義外，魏禧搜覽諸子史漢唐宋大家及其他雜藝之文，尤好《左傳》和蘇洵的文章。用魏禧自己的話來講是「吾少好《左傳》、蘇老泉，中年稍涉他氏」。此時期魏禧主

張文不必求工，只求不湮沒論點，「使無遁理而已」，崇尚雄健，制藝不模仿先輩。此時期多創作宏肆浩瀚之文，幾同於論策。代表作有《左傳經世》十卷。

第二個時期是隱居後。魏禧盡棄時文，為古文辭，更講求文章法度，能自削議論之繁博而精傑益出。他認為文章之法度有其規則，又有變通，貴乎「一定」，實又「常生不定」。難能可貴的是，魏禧對作文之法則，由無到有的這個過程中能辯證地處理變與不變。

第三個時期，漫遊江淮吳越。此期間所作之文，多煙波嗚咽之作，有一唱三歎之聲，又幾近歐陽脩的風格。文章透出精悍之氣，逼出眉宇，不可馴伏。總之，隨著經歷的豐富，魏禧的思想和文風均發生了很大變化。

魏禧留下了六二二篇古文，其中有十五種文體，包括論、議、策、書、敘序、題跋、書後、文、說、記、傳、墓表、雜問、四六、賦。魏禧散文創作在文體上可謂博取眾長，體式多樣。這種多樣性，有人對此曾有微詞。如《四庫全書總目提要》謂古文一脈至清初，「學者始復講唐宋以來之矩矱」，而汪琬與「寧都魏禧、商丘侯方域稱為最工，然禧才縱橫，未歸於純粹」。雖是微詞，卻也精當地指出了魏禧陶鑄百家、兼收並蓄的文風。魏禧也自言道：「……然文無專嗜，惟擇吾所雅愛賞者。至於作文，則切不可喜愛何人何篇目，故文成都無專似。」

魏禧散文的基本特色是長於議論而注重用世。但為世所稱道的還是他的傳記文，「其為文凌厲雄傑，遇忠孝節烈事則益感激，摹畫淋漓。」如：為節臣所作的《江天一傳》、《明禦史何

公家傳》，為義士所作的《高士汪渢傳》、《大鐵椎傳》，為市井奇人所作的《賣酒者傳》、《瓶庵小傳》、《獨奕先生傳》、《謝廷詔傳》等。他的記敘文寫景抒情，表現遺民志士情懷，或質樸悲愴、或韻味醇鬱，如《哭萊陽姜公昆山歸君文》、《吾廬飲酒記》、《白渡泛舟記》、《翠微峰記》等。魏禧散文創作取得蜚聲文壇的成就，與他日臻完善的古文理論分不開。他認為文章之所以能流傳千年，就是其富含了思想精神，「文所以可傳，中必有物。」（《目錄‧雜說》）這種特色在他的論說文中尤為突出。如《留侯論》、《伊尹論》、《晁錯論》等都為博覽古今、議論時政之作。魏禧的文論，沒有文學理論專著，往往是借為別人的作品寫序、題跋的形式，書寫自己對文學的見解。有時則用日錄、雜感的形式，記述自己對文學的一得之見。魏禧的文學理論反映在他的具體作品及作品評論中，並且能夠將文學理論和創作實踐密切結合起來。

一、魏禧的創作理論

魏禧在具體創作中提出了一系列的理論觀點，總的概括起來，有以下四個方面：一，強調為文之要，貴在「有用於世」，這是魏禧文論的靈魂和核心；二是強調為文之道，在「積理與練識」，這是魏禧文論的基礎和重點；三是強調「法古」之意，在於「自立機軸」，這是魏禧文論在繼承古文傳統方面所具有的獨創精神；四是強調藝術手法上的「各異其宜」，這是魏禧的藝術觀中最具辯證法光芒之處。具體而言：

1. 強調為文者的人品。

魏禧認為：「文章之道必立之本，本豐則末茂……文章之本，必先正性情，治行誼，使吾之身不背於忠孝信義，則發之言者必篤實而可傳。」（《答蔡生書》）在魏禧看來，文章之本在於作家的人品，只有具有崇高人格的作家，創作出來的作品才有極強的生命力，才能文傳後世。因此他非常重視文品與人品的關係，認為這兩者應相偕而行。他給明朝忠烈江西清江熊化的《靜儉堂文集》作序，盛讚熊化的節義精神，認為「自甲申七八年間，吾江西之節義，臨江為盛。其登進士，官無大小，無一人幸生者，而先生三死以就義為尤難」。熊化「奉使朝鮮，其詩文為東國傳誦」，卻屢次謝絕朝方贈金，「先生生而外國服其義，死與日星為烈，讀先生之文者，其亦可以自奮」，高度評價了熊化的節義之舉。對其詩文亦給予相當高的評價，認為文人應與君同道，「增美去惡，以成萬世萬民之利，是在後之君子」（《救荒策》）。魏禧認為文學家首先必須解決好自身思想品德修養的問題，這一問題解決了，發而為文，才真實有用，能傳於世。

魏禧的人品觀雖然跳不出封建儒家倫理價值觀的窠臼，在今天看來也許有些狹隘，但從歷史的角度來看，忠孝信義的確是為人處世之基礎，我們不能因此而否認這種價值觀的意義，何況在「忠」的價值觀上側重的是民族情操。魏禧明確指出：「夫君子立言，必取其關於世道民生，雖伏處岩穴，猶將任天下之責。」要求天下興亡，匹夫有責，不管生活在窮鄉僻壤，還是山岩洞穴，也要自覺關心世道民生、國家安危，以天下興亡為己任，這和程朱理學那種「高談性命」、「辨究身心」之說，大異其趣。

2. 深化「養氣」之說。

作家「養氣」是先秦時期孟子就有的思想，只不過孟子尚未自覺地將它作為為文之道提出來。孟子認為自己在王者面前不拘謹、不慌張，能從容不迫，遊刃有餘，能在辯論時氣勢充沛，就在於自己善養「浩然正氣」。作文「養氣」之說在古代文論上，由魏晉六朝時期的劉勰在《文心雕龍・養氣》篇中率先提出，他強調臨文之際的養精保神、積蓄創作能量、培養清駿旺盛的精神狀態，以涵養文機、促進創作。唐代韓愈著力復興儒家文藝思想，並提出了「行之乎仁義之途，遊之乎詩書之源」的「養氣」說，重視為文之前的道德品質、精神人格修養和藝術才能的鍛煉，以達到「氣盛言宜」的藝術境界（《答李翊書》）。宋元時期文論的「養氣」理論直接受韓愈的養氣理論影響，提出明道積理以養氣的主張。明朝發展了宋元以來理學家重道德輕文藝的「養氣」思想。

在這些前人的基礎上，魏禧則深化了「養氣」理論，他將「養氣」與「積理」分開。他說：「吾則以為養氣之功在於集義，文章之能事在於積理。」（《宗子發文集序》）「養氣」即提高道德品質修養，「積理」即「窮理」，掌握儒家之道的義理。要因文明道，道德修養固然重要，但畢竟是間接的，而透徹地把握義理，則關乎能否準確闡明儒家之道，因而是直接的，所以「積理」是「文章之能事」，重在理論修養。魏禧比前人泛論明道積理以「養氣」前進了一步。與前人主張「以氣運才」不同，魏禧強調「以才御氣」「氣之靜也，必資於理。理不實則氣餒。其動也，挾才以行，才不大則氣狹隘。然而才與理者，氣之所憑，而

不可以言氣。」(《論世堂文集序》) 這裡對「氣」與「才」、「理」之關係闡論極精,「氣」是臨文創作之精神狀態,雖與「集義」所生的道德品質有關,但主要由「積理」所生。理實則氣充,若於理熟能通則氣盛,於理昏昧窒塞則氣餒。然則雖理實氣充,欲因文明道,尚需因才以發之,因此才亦影響到「氣」能盛。而「氣之盛者,法有所不能施」(《彭躬庵文集序》) 才能不為法度所拘,揮灑自如地因文明道。

魏禧認為對創作有益的「氣」應該是「剛氣」。「必剛氣以為本。無剛氣而自托和平,即不如鄉愿,必且萎薾遊移,臨大節不能守,當大難不能決,至於見善人而用之不力,見惡人去之不盡,人於文章亦然。」魏禧所說的剛氣,源於自覺關心世道民生、國家安危,以天下興亡為己任的責任。有了這種氣,在為文時才能作到「氣盛」,才能「議今,則當世不眩;規過,則後世可懲。」魏禧的「養氣」說結合到創作,就「氣」與「理」、「才」的關係展開,不僅對前人的思想有所發展,而且富有現實主義精神,避免了泛論「養氣」為文的凌盛蹈空之弊。

3. 注重文章的積理、練識

魏禧重視前面提到的「養氣」,還認為作家還應「積理」、「練識」。魏禧主張文章應該有用於世,那麼實現有用於世的途徑,除了作家要注重養氣和品德的修養外,還有一個重要途徑就是「積理、練識」。他反復說:「愚嘗以為為文之道,欲卓然自立於天下,在於積理與練識。」

何謂「積理」?魏禧認為:「吾又嘗謂文章之根柢,在於學道而積理;守道不篤,見理不明,而好議論以刺譏於人,翻古人

之成說，則雖極文章之工，取適於己而有誤於人，君子蓋有所不取。」就是要充分積累古今興衰治亂的得失經驗，豐富對自然、社會知識的儲存。儘管雜有宋明道學家關於「理」的玄妙論述，但從魏禧對「積理」的途徑的解釋，可以看到他的「理」與宋明理學家之「理」還是有很大的不同。宋明用「理」以論證宗法等級秩序合理性，而魏禧強調的是「關係天下國家之故」，能「達當世之務以適於用」，「固非取辦臨文之頃，窮思力索，以求必得」。而且他把「積理」看成是創作的必要前提，得以加工、昇華為藝術品的基礎：「文章之能事在於積理」，「為文之道，欲卓然自立於天下，在於積理而練識」。有了這種積累，一旦進入創作過程，就能左右逢源，遊刃有餘，即使是看來如「糞土之屬」的東西，也可能發揮「與金玉同功」的作用，成為反映主題、經世致用的點睛之材。在魏禧看來，對於古今國家盛衰興亡的經驗教訓，自然界萬物發展變化的道理，各類人的生活情狀，都要注意積累，並對之進行理性的認識和思考。魏禧認為自古以來，文章從周到秦、兩漢、唐宋到清朝，體式已很全面具體，很難出新，「故自諸文章格調有盡，天下事理，日出而無窮」，所以積理顯得更為重要，也更為難得。

那麼怎樣「積理」呢？魏禧提出了四個途徑：

一是強調「貴在於用」的指導下博覽群書。「窮古今亂治得失」，「極古今人情事物之變」，借鑑歷史興亡之理、治亂之得失，目的在於「留意一切有用之學」，「揀擇用之」，「坐可言，起可行而有效」。但他反對「端居閉戶，索古人書冊而得之」，主張把讀書放到有用於世的基點上來。

二是提倡深入各層群眾，「廣攝博取」人情世態，積累生活見聞。「人生平耳目所見聞，身所經歷，莫不有其所以然之理，雖市儈、優倡、大猾、逆賊之情狀，灶婢、丐夫、米鹽淩雜、鄙褻之故，必皆深思而謹識之，醞釀蓄積，沉浸而不輕發。」（《答施愚山侍讀書》）雖然在用詞上對下層群眾有所鄙夷，但作者客觀地指出下層群眾中確有無數真才，他們的生活中有「所以然之理」，這是一個封建文人難能可貴的認識。

三是提倡遊歷山川名勝，名都大邑，擴大生活，開拓藝術視野。魏禧提出「古之能文者，多遊歷山川名都大邑，以補風土之不足，而變化其質。司馬遷，龍門人，縱有江南沅湘彭蠡之匯，故其文奇姿蕩軼，得南戒江海煙雲草木之氣為多也。」他以司馬遷為例，以把遊歷山川名勝對開拓藝術視野，改變文風、文氣的作用，作為一條藝術創作經驗提出。

四是不斷「躬行」，以「辨之不已」而捕捉變化不息的天下事理。「日月有定位，而晝夜寒暑之推遷，其變無有窮極。惟變易，故天下之人可各以其意為說；惟不易，故眾說雜陳，無不可以明。易而必有其獨是。知其是，則明其非；知其獨是，則其是而未全乎是者，皆可以明，此辨之不可已也。」魏禧認為宇宙萬物都在生生不息的變化中，人們對其認識也就應該沒有止盡，所以人要不斷的「積理」，要隨著事物的發展變化而不斷更新自己的認識，這樣才能讓自己對社會和生活的瞭解處於動態中，所積的「理」也不會過時守舊。他還嘲諷只知在書本中閉門造車的現象，「余覽古今文集，若一連三、四篇中不見一緊要關係語，便知此人只在文士窠臼中作生活者。」

　　何謂「練識」？「所謂練識，博學於文，而知理之要；練於
物務，識時之所宜。理得其要，則言不煩而躬行可踐；識時宜，
則不為高論，見諸行事而有功。是故好奇異以為文，非真奇也。
至平至實之中，狂生小儒，皆有所不能道，是則天下之至奇
矣。」魏禧重視「練識」，認為「明理則有益於身心，識時則有
益於世務」，「練識如煉金。金百煉，則雜氣盡而精氣發。」（《與
徐伯調》）魏禧認為要使文章自存於世，只有經過「積理」、「練
識」這一過程，使之達到「至醇而不流於弱，至清而不流於薄」
（同上）的境界。正因為他有這樣的創作理論，才會形成魏禧的
文章以「識力」見長，以「才」使文，並且也導致了他的創作比
較博雜，少去了模擬之弊，形成了自己的風格特色。

　　如何「練識」呢？魏禧提出了兩個方法：一是要博學，學習
書本知識，掌握前人經驗；二是要到生活中觀察，瞭解事物的真
切情狀。即通過親身經歷、觀察、體驗去求得；到躬行中去體
認，不是坐在房中苦思冥想，也不是在書本上討生活。

　　那麼「積理」與「練識」之間又是什麼關係呢？魏禧認為
「玉必璞而珪璋出，木必樸而鐘簴成」。「積理」猶如積累含有玉
質的礦石，「練識」又像將玉石雕琢成珍貴的玉器，「積理」像
儲存質地堅硬的木材，「練識」就如將珍木製作成精美的鐘架。
「積理」是「練識」的基礎，不經過「積理」，無法取得玉石、
珍木，即積累豐富的創作素材；「練識」又是「積理」的必然發
展，不經過「練識」就無法使之成為精美珍貴的玉器和鐘架，形
成藝術品。魏禧對「積理」與「練識」關係的論述中，可以看出
魏禧的創作論處處建立在現實的基礎之上，處處講求「有用於

世」。具有現實主義的本色。

4. 尊法古文，規範文學創作。

自韓愈提倡古文運動反對當時言之無物的駢麗文風以後，歷代文壇時皆復古運動，向當時的不良文風發起衝擊的浪潮，借復古之傳統針砭當代的現實生活。清王朝為了禁錮知識界的思想，大力提倡制舉時文，致使清初文壇，侈談心性，空談玄理，盛行模擬之風。魏禧針對這種弊端，也打起尊法古文的旗號，用以規範文學創作。

魏禧認為「自六經、孔孟之文不可復作，天下聰明好古之士，其言或醇或雜，莫不求工於文，成一家之言以傳於後世。於是文日盛而真意消亡，實學中絕。至於宋明儒者，則又以文章為玩物喪志而不屑，自二三大儒外，類取足道其意而止，卑弱、膚庸、漫衍、拘率之病，隨在而有。」為改變這種毫無「真意」的死氣沉沉文風，魏禧提出「復古」、「法古」主張，提倡以先秦諸子及唐宋八大家的散文，尤其是以《左轉》為楷模，進行「有用於世」的文學創作。具體如下：

首先，強調讀古書要多疑多思，不苟同不苟異。魏禧說讀古人之書，必須帶著懷疑的眼光進行思考。他極力推重程頤的讀史方法，「每讀到一半，便掩卷思其成敗，然後再看。有不合處，又更思之。」「禧嘗竊謂論古文者，不可苟為同，尤不可苟為異。苟同者，志識卑暗，愚不肖之過，不足身顯名而已；苟為異者，志識高明，學問能鉤深索隱，則附會穿鑿之處必多，足眩人聽聞，移其心術者尤甚。」要求人們讀古文不能被動，而是應該獨立思考，要根據自己的標準衡量，進行獨立判斷。

　　其次，尊法古人，貴在明理、適用。魏禧把學習古文繼承古法放在「適用」的基礎上。他說：「竊以為明理而適於用者，古今文章所由作之本。」「讀書所以明理也，明理所以適用也。故讀書不足經世，則雖外極博綜，內析秋毫，與未嘗讀書同。」明理與適用是創作的根本，讀書就是為了明理而適用，如果讀古書、法古人不是為了明理、經世，縱然綜古覽今，也沒有任何意義。魏禧還指出：「聖賢之理，適用為本，故言理不徵事則迂疏，古人之言不徵後世之得失，則言之富且精者不得見。今必以為不可毫髮有所損益，則是古人所移言者，吾從而再言，所短言者，吾從而長言。言諸毫髮，逮聖人無益，況必不逮耶？」明確指出聖賢之理關鍵在於適用。魏禧還從經世致用出發，提出法古也是為了「適用」，即為了國計民生，「文章格調有盡，天下事理日出而不窮」。如果「識不高於庸眾，事理不足關係天下國家之故，則雖有奇文，與《左》、《史》、韓、歐陽並立無二，亦可無作。古人具在，而吾徒似之，不過古人之再見，顧必多其篇牘，以窮苦後世耳目，何為也！」可見魏禧文論的核心仍然是經世致用，關係國家、天下，即使學古法古，也同樣要求遵循這條法則。

　　再次，尊法古人，又不為古人奴婢。魏禧主張以古為法，又反對泥古不化。提倡法古時，雖然時有對孔孟道統的溢美之辭，也極力反對泥古不化。因而魏禧能客觀地評價「古人之文，自《左》《史》而下各有其病。」就是《左》《史》也指出有「誣濫不經」之弊，對韓愈、歐陽脩等唐宋大家也「往往有所疵議」，就是對他一向很崇拜的三蘇之文也敢於批評：「是以三蘇之論於

古今為獨絕，而議論之失平，亦蘇氏最多。」至於柳宗元的遊記，當時許多人爭相仿效，魏禧卻認為「柳記雖工，亦記之一家言耳，而必以摹仿為能則陋矣。」魏禧強烈反對那種「摹聖人之言，不敢稱引三代以下事，不敢出本題以下之文」，死守固定文章程式的「八股之法」，並開列罪狀加以討伐抨擊，要求加以廢除。

魏禧泥古不化的觀點還體現在他對「法」的論述上。他認為法有常規又有變通，貴乎「一定」又「常生不定」。「法」就像規矩，天下物形不出於方，必出於圓，是法的常態。「不為方圓」，「能為不方圓」，可以為「一切無名之狀，紛然各出」，是法的變態。魏禧還認為「天下之法，貴於一定，然天下實無一定之法。」魏禧結合自己的創作實踐，提出「沉酣而不模擬」，「博采諸篇，刻意體認」，即學習掌法不循章句的主張。「平時不論何人何文，只將他好處沉酣，遍歷諸家，博采諸篇，刻意體認，及臨文時不可著一古人、一名人在胸，則能文與古法會，而自無某人謀篇之跡。蓋模擬者，如人好香，遍體便佩香囊。沉酣而不模擬者，如人日夕住香肆中，衣帶間無一毫香物，卻通身香氣迎人也。」魏禧以形象的概括和體認給人們指出了學習、繼承古人成法時應該持有的革新精神和進取態度。

另外，魏禧還主張創作要有感而發，情勝其文，不要面壁虛構，以文生情。他評價韓愈的《祭十二郎》工於文：「以道其情者也，然而情以微矣。哀死之文，以樸為文，以不求工於為文」。對於傳記類散文，他要求「名稱相實」，「凡所稱譽，務使名稱相實，不為世俗之情所感」。魏禧在創作人物傳記時也能做

到情文並茂，抒發了自己對傳記主人翁的真摯情感。

　　總之，魏禧提出「積理」、「練識」，明理致用的創作思想；又提出「文外求法」，文中有物，內容與形式相結合的創作方法。注重理、識、法的辯證統一，並通過授徒與創作實踐將他們的文學觀點加以推廣。在清初論壇上產生了較大的影響，其中有些觀點，至今不失為真知灼見。比如他認為，「文所以可傳，中必有物。」（《目錄‧雜說》）他不僅批評為文不顧法度，師心自用，還反對株守古人之法而「中無所有」，指出文章之法有常有變，以善變為法。魏禧的觀點代表了清初文論中理識法相結合的傾向，在當時有較大的影響。

二、魏禧的古文創作

　　魏禧與侯方域、汪琬並稱清初三大家已成定論。對於魏禧創作特色，邱維屏在《魏冰叔集序》中說：「冰叔之文既精強於事理，操術甚切，而等於情，暢於勢，明於辨。煙波嗚咽，一唱而三歎。」《清史列傳‧文苑‧侯方域傳》云：「方域健於文，與寧都魏禧、長洲汪琬，並以古文擅名。禧，策士之文，琬，儒者之文，而方域，則才人之文。」邱維屏認為魏禧之古文既明於事理，同樣也切於情，《清史列傳‧文苑》中則認為魏禧之文為策士之文，於情理之間似乎更注重其理。魏禧為文文體眾多，諸文體他都形成自己獨特的風格。具體如下：

1.策論文：識力超越，有用於世

　　《清史列傳‧文苑》中認為魏禧之文為策士之文。所謂策士之文，最講求其實用性，是文人表現對社會和政治的理解和主張

的最好載體。自先秦春秋戰國時期諸子爭鳴以來，以文為媒體，展現自己獨到之見，成為眾多文人樂於追求的境界。魏禧在《與諸子世傑論文書》云：「吾好窮古今治亂得失，長議論，吾文頗工論策。」其策士之文，充分展現了魏禧長於見識議論及有意於用世的寫作特點。如《留侯論》踔厲風發，堪與蘇軾相敵，《伊尹論》贊弔民伐罪而不拘君臣之序，洗髮剴切，邏輯嚴密，《陳勝論》馳驟頓挫，一語破的，《晁錯論》千委萬曲，辯析精詳，皆各得其妙。魏禧的這類散文內容很豐富。

　　首先、魏禧在策論文中表達了自己對文學的看法，認為「識力超越」最為重要。他在《答蔡生書》中說：「僕嘗言曰：文章之變，於今已盡，無能離古人自創一格者；獨識力超越矣，庶足與古人相益增。是故言不關於世道，識不越與庸眾，則雖有奇文，可以無作。」在《宗子發文集序》中亦說：

> 「雖然，師心自用，其失易明；好古而中無所有，其故非一二言盡也。吾則以為養氣之功在於集義；文章之能事在於積理。今夫文章，六經四書而下，周、秦諸子、兩漢百家之書，於體無所不備。後之作者，不之此則之彼。而唐、宋大家，則又取其書之精者，參和雜糅，熔鑄古人以自成，其勢必不可以更加。故自諸大家後，數百年間未有一人獨創格調，出古人之外者。然文章格調有盡，天下事理日出而不窮，識不高於庸眾，事理不足關係天下國家之故，則雖有奇文，與《左》、《史》、韓、歐陽並立無二，亦可無作。」

魏禧主張為文應該自成一家，《文集外篇自敘》云：「生平為文，又不喜學古人一家，據吾所然者盡然言之，使無循理而已。天不以人之喜怒而變其風雨，君子不以人之愛憎而巧其辭。吾之言善，天下從而見之；吾之言不善，天下亦從而見之，適吾之意而天下洞然於吾心，吾何求耶？」施閏章稱其文：「動關風教，層折頓挫有古法，讀之改觀易聽，庶幾懷文抱質，有彬彬之概」。魏禧還主張文章應該抒發自己獨特之見，「作論有三不必，前人所已言與眾人所易知，乃其中二，彼始以此為戒條，且不獨作論為然也。」魏禧在自己的《論引》也說：

　　「論，議也，言之不足則議之，博辨肆志而得其說。是故孔子曰：『辭達而已。』辭達，使明也。僅以使明，俄不可明，故曰『論精微而朗暢。』雖然，此猶夫一端之論。餘往制藝，不喜先輩，獨思以其說，明古人之義，制體不同，浸淫乎論策矣。嗚呼，論策制科，此余之志也。」

《四庫全書總目提要》以「才雜縱橫，未歸純粹」為其短，其實這正說明魏禧有開拓精神，也是他的過人之處。對如何作文魏禧在《宗子發文集序》一文中打了一個這樣的比喻：「模擬者如人好香，遍身便佩有香囊。沈酣而不模擬者，如人日夕住香肆中，衣帶間無一毫香物，卻通身香氣迎人也。」即既要學古，又要切今。所謂「切今」，即時代精神與作者個性並見，要有益於世。

　　其次，在策論中對於政治、歷史、宗教等大事情，魏禧提出

自己的真知灼見。《宋論‧上》提出：「天下之亂，不亂於既亂，而亂於既治；國家之禍，不禍於小人，而禍於君子。」認為國家之亂，緣於治國不力，國家敗亡，不是因為朝廷上的小人，而是因為那些所謂的君子，這真是發前人所未發的觀點見解。又如其《地獄論‧上》云：「或問：『佛說地獄，有之乎？』魏子曰：『吾不知佛為何如人，其說地獄，不悖於聖人，無惑也』。」《地獄論‧中》云：「三代以下，刑賞不足以懼人，於是孔子作《春秋》，以名懼之。……夫名之為說，可以動天下之智者，而不可以警天下之愚人，……是故刑賞窮而作《春秋》筆削窮而說地獄也。」《地獄論‧下》則云：「或曰：『佛說地獄，惡人不息，說之無益，明矣。』曰：夫子作不止，則亦將曰：《春秋》可無作耶？是故地獄之說，戒殺生之說，《春秋》，而後世亂臣賊子，吾謂可補前古聖人所未及。」魏禧認為，孔子作《春秋》，目的是使亂臣賊子懼，佛說地獄則旨在使惡人息，至於「惡人不息」，亦如「亂臣賊子不止」，佛與聖人，可謂「義均理一」。

2.傳記文：「顯」示天下，「幽」質鬼神

魏禧散文中更著名的是傳記文，通過作傳涉及到社會生活許多方面。他曾為眾多的俠客、高士、君子、烈婦縱情放歌。筆下的人物個個呼之欲出，赫然如立眼前。傳記、碑誌之文之所以能成為魏禧古文創作中成就最大代表，與他的創作主張有密切關係。他在《答孔正叔論志文》中說：「竊思君子為文章，務使顯可示於天下後世，幽可質於鬼神」，而不可「死生謬誤，忠妄倒置，家有諛文，國有穢史，襲偽亂真，取罪千古。」在他的《安阪張夫人家傳》後，張夫人兒子的好友吳介茲評述：「予與貞為

石交，知內事獨詳。此傳無一溢詞，只就本分直寫，令人酸鼻，讀不能竟。」從這兩段話可以看出，魏禧在給人物作傳記時力求把人物的事蹟真實展現，並進行客觀評價。同時還將人物的精神充分而又富有感染力地傳遞給讀者，從而形成他「顯」示天下，「幽」質鬼神的藝術特色和藝術震撼力！魏禧的立傳人物中最主要的還是那些英雄們，在這些人物身上抒發了作者纏徐動盪的讚美之情。如《朱參軍家傳》：

　　魏禧曰：「嗚呼！士生盛世，鬱鬱不得志，與處衰亂，抱道懷貞，老且死牖下，其孰悲夫哉？夫莫之禁而不為，欲為而不得為，君子悲之，然高尚其事，抗志自悅，雖憂天傷人，狹隘迫蹙，苟不至於斷胆絕吭，其所處有裕如者，孰與夫身負材，適當其時，而無所自見乎哉？陰崖之木，雪霜以為雨露，堅強而不憚，木生陽山，春氣益溢，而華葉不滋，悲孰甚焉？

　　吳門之隱君子，曰金俊明，余見之，年七十一矣。倘所謂抱道懷貞，老且死牖下者非耶？工書法，窮不得食，以書法自食，賦詩讀書，何其蕭然樂耶？

　　俊明之父曰朱參軍，余覽其行事，悲焉。

　　參軍本姓金氏，名允元，七歲而孤。母貧，不能自存，有姊適朱氏，屬養焉，遂冒朱姓，更名永昌云。參嗜書，通古今事，為人有器量，美鬚髯，修幹偉然。嘗遊四方，所至覽其山川土俗。與賢豪士遊，性倜儻，善計畫，能為人緩急，思欲有所用於世。當是時，朝廷重資格，非制科無由

進，而制科亦輕他途士。參軍既無聊，乃入貲事吏部。久之，以勞授綏寧簿。綏寧，楚邊邑，苗夷雜處，民借深林為屏障。有徽商倚監司同里者，取其材殆盡，民無所庇，訴之令。令首鼠，以屬簿。參軍陳利害，欲置之法，持論侃侃不撓。遂以左上官意，投劾歸。而參軍去後，苗夷乃歲為邑患，當事惜之。復補參寧夏衛幕，寧，古朔方也，苦寒，參軍顧樂之。恒自佩刀，與部曲飲酒歌，出入塞上，熟察士馬器械、厄塞險阻，思建功邊徼，取封侯印。天啟乙丑，督府以互市遣參軍。時方二月，山深積雪及馬腹，甫出疆，感寒疾，卒。年才四十有八。參軍將暝，無他言，開目視左右曰：「謹藏吾佩刀。」

俊明始為諸生，亦姓朱氏，名袞。後復姓更今名，字孝章，吳人稱曰「孝章先生」。

魏禧曰：「語曰：『不於其身其於子。』參軍負材不試，俊明自廢放，窮餓以老，豈所謂天道者耶？夫俊明莫之禁而為之以求顯，參軍亦烏能聲施若是哉？悲夫！」

此文通過為明朝朱參軍以及其子清初遺民金俊明立傳，控訴明清時代封建統治者壓制、扼殺人才的罪行，抒泄作者心中的鬱鬱憤慨之情。應該說，抒寫生不逢時的憤慨之情之作，在前人就有很多了，但大多是詩歌，魏禧用的是散文來創作，創作中散文的敘事功能卻用得不多，可見魏禧用心良苦於謀篇布局。該文重在客觀敘事，只是關鍵處簡短而集中地抒發作者的感慨：「悲」。全文不足千字，敘事也不多，沉鬱之氣卻抒寫得一展無遺。主人

公的悲劇人生卻給了讀者強烈的震撼。再如《訓導汝公家傳》：

　　嗚呼，崇禎之季，事可勝道哉？三百年士氣，一辱於靖難，再挫於大禮，三辱於逆璫，由是仕宦多寡廉鮮恥，賄賂請托，公行無忌，至以封疆為報仇修怨之具。一二賢者，矜立名節，又多橫執意見，遂其志而不顧國家之事，不通達於世變，好同己而植黨人，卒使九廟陸沉，帝后殺身殉社稷。然甲乙酉以來，忠臣義士其各名與不知名者，不可勝數。至於浮屠、老子之徒，傲然執夷、齊之節，則烈皇之死，有以激發之也。而甲申以前，內外交訌，降叛相繼，於此有無官守之人，當倉卒之交，毅然殺身以成仁者，斯為加於人一等矣。吳江汝君錄奉其曾大父死義事來乞傳，餘不勝三歎息焉。傳曰：

　　公諱可起，字君喜，吳江縣之黎川鎮人。生平磊落多氣概。為諸生，受知於督學熊公廷弼。熊公奇才，任邊事，功未就以讒死。公傷之，嘗憤然有請纓之志。崇禎庚辰以貢士對大廷。時天下多故，天子重騎射，臨軒親視，公矢發輒中的，試高等。壬午授常州府訓導，閏十一月南下至河間府故城縣。值東兵大入，躪畿輔，哨騎充斥，城門晝閉不得入，乃間行十餘里，寓宿韓生家。天明設食將行，寒甚，與同行人燎薪向火，而數騎突入戶。眾皆散走，公獨整衣冠端坐。騎呵曰：「汝官耶？速降則免死。」露刃脅公。公罵曰：「我天朝臣子，豈為汝輩屈耶？」騎怒，攢刃斫公，臨絕，以手拭頭血印壁間，大呼崇禎聖上數聲，僕火死。久之，同行人

稍集，得公屍灰炭中。韓生曰：「義士也。」殯而瘞之，年六十有五。

　　或謂公無守土責，即司訓導，未至官所，可無死。魏禧曰：「公遜避不死可也。不幸與騎值，欲屈公，公負至性，雖不為貢士，司訓導，為諸生，為匹夫，吾知其不偷生以自汙必矣。夫屈己自辱，於義所不可，雖宰相、匹夫其不可均耳。士君子自愛重其身，豈以官不官，有守土職與否哉？若汝公者，可謂烈士也矣。」

此文短小精悍，不足千字，卻大體描述了一位烈士的視死如歸，展現了烈士的高尚節操。開篇花了二百多字來縱論明朝士氣，為下面論贊可起殺身成仁的節操張勢，結尾時又就「公無守土責，可無死」的說法再次發表議論。全文敘事從簡，惜墨如金，而議論、抒情卻用墨如潑，顯示了魏禧長於立論、議論汪洋恣肆的特點。錢礎日評曰：「傳簡至而復激切，入後推原至性，一一發明，真寫生神手。」這是對魏禧傳記文的恰當評價。魏禧的傳記大多寫得簡短，但卻把傳主的精神風範清晰、準確地傳達出來，並且還體現了作者的深厚感情。這在他的代表作《江天一傳》和《大鐵椎傳》同樣表現得很充分。

　　《江天一傳》是魏禧的傳記古文代表作之一。該文為抗清殉國的志士江天一立傳。文章採用烘托和對比的手法，對江天一進行刻畫。江天一雖「裙布常穿空見尻。家居屋數椽，瓦不足，以草覆之。」但面對「陳百二十金幾上」卻不為所動。他好結友，「士至者，倒屣惟恐後」，可是「郡縣重客雖過，避匿不肯見」。

他從困童子試三十年至厭制舉業，慨然有澄清之志的覺醒，可是在民族矛盾尖銳之際，並未食明祿的儒生卻毅然佐人舉義兵抗清，失敗後又慷慨與之同死。「鄉人負大名為御史者，陰導北兵從間道入」與江天一的「吾首與金公舉事，義不能使公獨死矣」又形成鮮明的對比。「裙布常穿空見尻。家居屋數椽，瓦不足，以草覆之」，卻嚴正拒絕姻戚重金。江天一貧寒好學，正直廉介，堅守志節。這就是魏禧為我們刻畫出的英雄江天一。在江天一身上，魏禧賦予了自己的情感：愛國志士的骨氣和人格。所以在文中作者甚至不顧清廷文字獄，稱清兵為「北兵」，稱抗清之軍為「義兵」、「師」。帶有傳奇色彩的《大鐵椎傳》是魏禧傳記文中最具特色的一篇。全文如下：

　　大鐵椎，不知何許人也。北平陳子燦省兄河南，與遇宋將軍家。宋，懷慶青華鎮人，工技擊，七省好事者皆來學。人以其雄健，呼宋將軍云。宋弟子高信之，亦懷慶人，多力善射，長子燦七歲，少同學，故嘗與過宋將軍。

　　時座上有健啖客，貌甚寢，左脅夾大鐵椎，重四五十斤，飲食拱揖不暫去，柄鐵摺疊環復，如鎖上練，引之長丈許。與人罕言語，語類楚聲。扣其鄉及姓字，皆不答。既同寢，夜半，客曰：「吾去矣！」言訖不見。子燦見窗戶皆閉，驚問信之。信之曰：「客初至，不冠不襪，以藍手巾裹頭，足纏白布，大鐵椎外，一物無所持，而腰多白金。吾與將軍俱不敢問也。」子燦寐而醒，客則鼾睡炕上矣。

　　一日，辭宋將軍曰：「吾始聞汝名，以為豪，然皆不足

用，吾去矣！」將軍強留之，乃曰：「吾嘗奪取諸響馬物，不順者輒擊殺之。眾魁請長其群，吾又不許，是以仇我。久居此，禍必及汝。今夜半，方期我決鬥某所。」宋將軍欣然曰：「吾騎馬挾矢以助戰。」客曰：「止！賊能且眾，吾欲護汝，則不快吾意。」宋將軍故自負，且欲觀客所為，力請客。客不得已，與偕行。將至鬥處，送將軍登空堡上，曰：「但觀之，慎弗聲，令賊知汝也。」

時雞鳴月落，星光照曠野，百步見人。客馳下，吹觱篥數聲。頃之，賊二十餘騎四面集，步行負弓矢從者百許人。一賊提刀縱馬奔客，曰：「奈何殺我兄？」言未畢，客呼曰：「椎！」賊應聲落馬，馬首盡裂。眾賊環而進，客從容揮椎，人馬四面僕地下，殺三十許人。宋將軍屏息觀之，股栗欲墮。忽聞客大呼曰：「吾去矣！」但見地塵且起，黑煙滾滾，東向馳去，後遂不復至。

魏禧論曰：「子房得滄海君力士，椎秦皇帝博浪沙中，大鐵椎其人歟？天生異人，必有所用之。予讀陳同甫《中興遺傳》，豪俊、俠烈、魁奇之士，泯泯然不見功名於世者，又何多也！豈天之生才不必為人用歟？抑用之自有時歟？子燦遇大鐵椎為壬寅歲，視其貌，當年三十，然則大鐵椎今年四十耳。子燦又嘗見其寫市物帖子，甚工楷書也。

整篇文章分序文、正文、評論三個部分。序文交待寫作時間與材料來源。序是為了強調傳奇式的大鐵椎乃實有其人，並非虛構，這為此傳記打上了真實的底子，讓讀者更為好奇。其中「數

遊南北，逢異人乎？」作為本文的引子，作者以「異人」稱大鐵
錐，點明了本傳主的神奇特色。從正文的開頭起，作者就開始布
下一個又一個迷魂陣，寫主人公大鐵椎的種種異常表現，貌異、
武器異、底細異、行為異，讓人有欲解其異之迷的願望，這些還
只是大鐵錐表面的與眾不同。作者接著重點寫大鐵錐的品質思想
異於眾人：宋將軍工技擊，七省好事者皆來學，人以為雄健，然
而大鐵錐卻說將軍等皆不足用，寫其豪爽不羈。殺響馬奪財物卻
不長其群，寫其志略非凡。隻身赴決鬥而惟恐禍及他人，寫其信
義篤厚。從容揮椎，輕取眾寇，如入無人之境，寫其勇烈過人。
評論部分則通過大鐵椎壯志難酬，寄寓了魏禧深沉的人生感慨，
聯想到歷史上豪俊之士，椎秦始皇於博浪沙的力士等，寄予了作
者希望出現許許多多像大鐵錐這樣的高士「異人」來實現反清復
仇的志向，這是作者內心深處的情結，也是他與筆下的高潔之
士、志節之士共同的情感基礎。正因為如此，魏禧在給他人的傳
中，總能感動激發人意。《清史稿》稱魏禧：「為文淩厲雄傑，
遇忠孝烈事，則益感激，摹畫淋漓」。

　　在魏禧的筆下，主人公有為抗敵殉國和堅持志節之士，如
《江天一傳》、《明御史何公家傳》。有山林隱逸、俠客壯士，如
《高士汪渢傳》、《大鐵椎傳》。有些傳記寫的義行異事，如《賣
酒者傳》、《瓶庵小傳》、《獨奕先生傳》、《謝廷詔傳》等，記述
某些市井奇人的所作所為，寓意精深，饒有情趣。儘管題材不
同，也不管是行蹤飄忽、清高磊落的隱士，還是勇武非凡、不為
世用的力士，都寄予了作者亡國之痛。總之，魏禧的傳記文風格
多樣，章法不一，但都能表現他師承古人而不依傍古文、文隨意

盡、善變為法的創作態度和憂國憂民的情懷。綜觀其作品思想上重氣節、弘正義，感情上充滿嗚咽之情，選材精心，兼夾議論，語言簡練精當，一唱三歎。

3. 雜記文：長於記敍

一般雜記文都是先敍述記事正體再予以議論，魏禧的雜記文則表現出長於記敍的風格特點，能針對不同物件寫法多樣，有的善於狀物，有的善於寫景。《燎衣圖記》是善於狀物之代表作，其中的一段如下：

> 畫人八、馬一、驢一、牛二、犬一。大石立若闕者二。亭內三人，並釜灶雜器。亭外五人。大樹一在亭前，右倚石；一倚亭後。前樹下二牛互臥。石後立驢，見頭頸。有黑犬半出，狺狺張口吠，左立人。亭外五人；左二，帶劍服弓箭，牽馬立石下，旁鈇二旆卷其帛；右三，面兜鍪出石背，亦見劍鐔、矢之羽、弓、簫。亭內二人：短項隼鼻，要強弓，左膝踞地下，手屑薪吹火者一個，鄧禹；兩手奉麥飯向釜間來，豐頤者一人，馮異；一個光武帝，鞠身燎衣，背胡床向火立，細視亭屋內。又二人從壁柱間窺，各見半面。光武帝豐頤隆准，大耳高額，微髭鬚，縝髮，眉端從際額，目光澄獻，不耀其武，伏波將軍所謂「帝王自有真」，信歟？左壁上有更始日曆，下壁泥落見編竹。茅亭煙突也屋脊，北風斜吹，煙穗拂高樹枝，想見於時寒冽。……

這段文章詳盡地記錄了人物、牲畜、什物等的形狀與數量，

這本來易流於瑣碎而枯燥，但作者卻將這部分寫得句法錯綜，繁而能明，簡不失曲，質而不俚，具有參差錯落之妙。朱彝尊評曰：「不意昌黎《畫記》後更有此作及《孫像記》，他人無此膽力。妙在筆筆變化，無一雷同處。」《燎衣圖記》細碎敘寫而鉤連繩貫，錢梅仙評論此文道：「須看其著意處有著意之妙，不著意處有不著意之妙。著意處如畫龍點睛，不著意處如頰上三毛。」

　　魏禧的雜記文也常寫遺民志士，哀「賢人凋喪，同志寂寥」，感慨激昂而又低回往復，兼有歐、蘇之長。韓愈《祭十二郎文》工於文而情以微，而魏禧的這類文章以敘事為抒情，如《哭萊陽姜公崑山歸君文》，情事惝怳，纏綿、質樸、悲愴。魏禧的雜記文還擅長寫景。《白渡泛舟記》情景交融，清新委婉，旨趣瀟灑。《宛皋記》斑駁奧秀，酷似柳宗元山水記。《翠微峰記》以敘事為山靈添色。《吾廬記》以記人使題旨生輝。其中《白渡泛舟記》中有一段：

　　　　……門臨清溪，平坡曼衍，綠草延緣，洲渚回閑，黃犢烏犍，散牧其間，或飆或飲，或寢或奔。隔岸有高樹斷林，屋瓦上下，隱隱見大江。遠山黛橫，平截天末。
　　　　五月八日，晴天無雲，江水倒入，浸灌坡陀，綠頂微出。明日大漲，東西彌漫，勢合大江。極目所周，不下十裡。五抱之樹，叢筱瓠蔓，植半水中。孟昉方營膝寓，予薄莫過之，登黛橫樓以觀，漲水周虎落，樓在中央。……

文中描寫的清溪、綠草、洲渚、牛犢、樹林、大江、遠山，形神畢現。接下來描寫大江漲水氣勢，「五抱之樹，叢筱瓢蔓，植半水中」，「登黛橫樓以觀，漲水周虎落，樓在中央」，大江在平時已是浩瀚，漲水之際則更加壯觀，魏禧大膽地用四言形式，將大海的磅礡氣勢渲染開來，具有整齊美和音律美，文筆自然，姿態橫生，有如蘇軾《記承天寺夜遊》。《吾廬記》和《翠微峰記》更是魏禧寫景名篇。《翠微峰記》借敘事寫景為名山增色，使人至今猶能想像它的險峻陡絕，想像易堂九子的音容笑貌。《吾廬記》曰：

　　季子禮既倦於遊，南極瓊海，北抵燕，於是作屋於勺庭之左肩，曰：「此真吾廬矣！」名曰吾廬。

　　廬於翠微址最高，群山宮之。平疇崇田，參錯其下，目之所周，大約數十里，故視勺庭為勝焉。於是高下其徑，折而三之。松鳴於屋上，桃、李、梅、梨、梧桐、桂、辛夷之華，蔭於徑下。架曲直之木為檻，塈以蜃灰，光耀林木。

　　客曰：「鬥絕之山，取蔽風雨足矣。季子舉債而飾之，非也。」或曰：「其少衰乎？其將懷安也？」

　　方季子之南遊也，驅車瘴癘之鄉，蹈不測之波，去朋友，獨身無所事事，而之瓊海。至則颶風夜髮屋，臥星露之下。兵變者再，索人而殺之，金鐵鳴於堂戶，屍交於衢，流血溝瀆。客或以聞諸家，家人憂恐泣下，餘談笑飲食自若也。及其北遊，山東方大饑，饑民十百為群，煮人肉而食。千里之地，草絕根，樹無青皮。家人聞之，益憂恐，而季子

竟至燕。

　　客有讓余者，曰：「子之兄弟一身矣，又唯子言之從。今季子好舉債遊，往往無故沖危難，冒險阻，而子不禁，何也？」余笑曰：「吾固知季子之無死也。吾之視季子之舉債冒險危而遊，與舉債而飾其廬，一也。且夫人各以得行其志為適：終身守閨門之內，選耎趑趄，蓋井而觀，腰舟而渡，遇三尺之溝，則色變不敢跳越，——若是者，吾不強之適江湖；好極山川之奇，求朋友，攬風土之變，視客死如家，死亂如死病，江湖之死如衽席，——若是者，吾不強使守其家。孔子曰：『志士不忘在溝壑。』夫若是者，吾所不能也。吾所不能而子弟能之，其志且樂為之，而吾何暇禁？」

　　季子為余言：「渡海時，舟中人眩怖不敢起，獨起視海中月，作《乘月渡海歌》一首；兵變，闔而坐，作《海南道中詩》三十首。」余乃笑吾幸不憂恐泣下也。

　　廬既成，易堂諸子，自伯兄而下皆有詩；四方之士聞者，咸以詩來會，而余為之記。

　　這篇文章雖名為《吾廬記》，實為魏禧為他的兄弟魏禮的新居而作。魏禮「恒鬱鬱不得志，氣奮發無所抒」，於是隻身遊嶺南、瓊海，隨後又北遊燕，西遊秦，年近三十七歲才回，次年「吾廬」既成。全文對廬的本身描繪不多，只是大致交代了整體的環境和地理位置，而是借客人之口，引出魏禮的遊蹤，再借客人之口引出作者的觀點，寫出了魏禮的生平胸次，數次凸顯一個「志」字，同時數次突出一個「笑」字，體現了魏禧的處事原

則。雖則狀物寫景之文，實則敘寫胸中志向與內心情操。魏禧敘記文能將尋常題材寫得不落俗套，往往得益於議論，翻空出奇，令人耳目一新。魏禧還有大量畫記，不僅描鳳鏤影，且以議論畫意取勝。《畫貓記》感而諷之，取喻刻深而轉折無跡。總之，魏禧作記無論狀物寫景，敘事記人，都顯得搖曳生姿，意味無窮。

　　作為清初古文大家，魏禧以他的創作實踐和創作理論開啟了清代古文的一個新篇章，對後世留下深遠影響，獲得了世人的高度評價。彭士望這樣描述魏禧：「魏叔子庚戌間再遊吳越，人傳誦其文章，謂為南宋來所未見，求之者無虛日，削版待之，朝成夕登，即日流布。海內所推一二曹舊之老，爭識面，引為忘年交。士無識不識，皆知有寧都魏叔子。」與侯方域、魏禧都有深交的任源祥曾對魏禧說：「吾平生好侯朝宗文，今觀子，殆勝之矣」（見魏禧《任王谷文集序》）。大家之一的邵長衡，給侯、魏二人作過合傳，對魏禧的志節與文章讚譽有加。清代的文學家尚銘在《書魏叔子文集後》中說道：「昔者寧都魏叔子，以經濟有用之文學，顯天下百餘年。」可見大家對魏禧古文成就給予了很高的評價。

第四節 ▶ 清代前期其他作家

一、梁份和《懷葛堂集》

　　梁份（1641-1792），字質人，南豐縣人。清代文學家，地理學家。為人樸摯沉毅，卓犖有奇氣。早年受學於程山，後遊易

堂，師事彭士望、魏禧等，隨魏禧出遊江淮吳越，為魏禧校讎文集，並為魏禧經理喪事。四十歲以後。「隻身遊數萬里，西盡武威張掖，南極滇黔，遍歷燕趙晉齊魏之墟，覽山川形勢，訪古今成敗得失，遐荒軼事，一發之於文」。於是成為當時有名的學者和散文家，是易堂後起之秀中最有成就的散文家，其成就受到方苞、王源等文壇名流的推重。

　　梁份深受魏禧文學思想的影響，反對類比復古的制舉文字，主張為文須「窮經以致用」，認為帖括（即八股文）「所學在立誠而行文則作偽，所學在實用而所��則虛辭，揣摩於題面字句之間，結構於繪水鑴風之末」，是「偽學」，「無用之言」。他還鄙薄把帖括作為進取之階。這些議論，時人認為是「清夜鐘聲」（《送孫效李歸桐城序》）。梁份發揮了魏禧「積理而練識」的文學創見，認為「通天下之理在於識，妙萬物之用存乎才。識以入其中而才舉於外，故才於古今為尤難。」梁份還十分重視深入生活，「廣涉博取」，「躬身實踐」，窮古今治亂得失，極古今世道民生，以發之於文，用之於世，反對「足不出戶」。梁份以顧炎武和他的老師魏禧為榜樣，周遊四方，廣為考察，虛心訪求，精評考核，寫成《西陲今略》，認為「山川險阻，凡耳目所及，既可無疑，其他得之傳聞，見於方策，亦皆可信，然身未遊歷，所知非真，采摭舊聞，豈無踵訛增偽緣飾成書之病？」指謫丘濬「不知六衛之謬，妄謂凡書可閉門而著」，強調「惟地輿必身至其地」，非淺學之士所能言者。這些見解，對於廓除清初模擬復古、空談心性的文風，無疑具有進步意義。

　　在三魏之後，梁份的散文在江右名重一時，為方苞、王源等

輩所推許。他法古而不似古，行文「浩然自快其志」，風格雄健遒勁，很有剛氣。「以子固、永叔為宗，經世深心溢於松末」（狄學耕《懷葛堂文集序》），「鉤貫經史，包括古今」，「有濟物之意」，「志士之氣」，頗有魏禧遺風。梁份集中撰寫的關於明亡後雲南殉國難者諸傳，雖然未能跳出封建禮教的窠臼，但洋溢著高潔的民族氣節。

梁份散文中贈序類尤為人稱道，如《送張方伯往山海關序》其文曰：

太行之麓，歷居庸連山東走，忽轉而南；滄海之水，自直沽排空東注，忽放而北。山南轉若趨而入海者峙於北，海北放若吞吐於山者瀦其南。山海之會，踞其雄而屹：「然者為關，若囊之括，瓶之口，以屏京畿而扼金、遼者於是乎在，不如是不足以重於天下也。

羊祜曰：「自有天地即有此山」，《易》曰「王公設險以守其國」。關之險，自明洪武間始設。昔之委為蔓草荒郊者，其世其年蓋已不可考矣。隋置臨於西，唐為榆關，東北古長城，燕秦所築，距關遠，皆不足輕重。金之伐遼，自取遷民始；李自成席捲神京，敗石河而失之。天之廢興，人之成敗，而決於山海之一隅。荒榛千百世之上而偏重於三百年間如茲關者，薄海內外曠古以來未有也。

文章著眼於山海關的地形和歷史變遷，一開始就抓住它的山脈走向、海流特點大做文章，寫得山騰海湧，大氣磅礡，寥寥數

語就寫出了山海關成為天下雄關的原因。山海關成為戰略要塞的由來，它在中國歷史變遷中的重要作用，通過作者的簡單回顧就能給讀者留下深刻的印象，這得力於文章的氣勢和力量。文章立意宏遠，煉思精密，其老健雄深之筆力，奇思壯采之氣魄，足與此關形勢相配。

梁份記敘類散文，文筆古茂，描寫傳神，如《答劉體元書》記敘他考察西北的行蹤見聞，將塞上塞外風光人物寫得活靈活現，人稱「西遊圖」，是「吳道子手筆」。其他如《晚學圖說》，堪稱別開生面的勸學箴。《清香閣記》記清香閣兼及政事，頗似柳州小記。《茹公渠記》可謂邊臣治跡贊，皆文情並茂，流暢自然。但他也寫了不少表彰節婦烈女、宣揚封建綱常的文章。

梁份的文章講求實用，但決不排斥技巧，認為作文如用兵，要善於避實擊虛，翻空作奇。他的散文如《伏靈傳》、《百益君傳》、《敬元傳》、《醫說》皆托為寓言，寄莊於諧，詞隱而理反顯。如《醫說》以醫喻兵。謂「以藥治病，猶之將以兵殺賊。夫兵，兇器也，能殺賊亦能殃民。」然後舉江陵醫人劉叟「工醫者近四十年，其所治無弗起者……叩其所得，則曰：『凡治病必先扶其元氣，內固然後以漸除其邪氣，故雖明知所病在是，必不敢投劫劑以殺速效，故收功雖晚而道可十全。』嗟乎，此則叟之所獨得者歟！今之醫者，鮮克解此。持未達之藥，嘗不試之病，而爭旦夕之功，是猶討賊者不務恤民，但窮極兵力，惟彼是急耳。」文末特別標出：「因書以贈，正荊國大用兵時也。」一筆點睛，其用意就十分明顯。

梁份的一些序贈文，或托物寄興，妙諦紛陳，或道生平交往

情誼，敘議相因，皆各具面目，深得避實擊虛、旁敲側擊之妙。《袁孟岩詩序》開篇突兀而起云：「余愛竹，興不減子猷，所居必植。嘗謂卉木中有蘭，幽內也；菊，逸士也；梅，韻客也；松柏，有守君子也；而竹兼之。若是則余之愛之也固宜。」然後敘在荊南署中賞竹情狀：「每公暇，即移繩床就之，或撫琴相對；或理香茗，靜與之娛；或手書《南華》一篇，臥誦其下；如是無虛日。」並引出袁詩：「一日者，僮子忽以袁才子詩呈余，即為展向此君讀之，彷彿間，幽香寒色，咄咄逼人，噫嘻！其竹為之耶？其袁子詩為耶？殆未可辨。抑袁子固荊之幽人也，逸士、韻客也，年七十矣，志節風度，老而不衰，又有守君子也，宜其詩翛然塵外，大有竹意，袁子殆此君子之化身耶？不則胸中亦有渭川千畝耶！」這一段文字將竹、將袁子及袁詩皆囊括其中，既回應開篇，又為下文埋一伏筆，有一石三鳥之妙。最後寫自己將卸任，常恨不能挾竹偕行，今得袁詩，「即可當文先生《墨竹》一幅。他時旅次，或風或雨，或煙霜之晨，風月之夕，時一展讀，當移我情，恍兮惚兮，有所謂風致珊珊，宛在其前者，為袁子耶？此君此耶？是耶非耶？」文章如江河奔湧，氣脈貫注，而又波瀾迭起，氣象萬千。不襲陳言，不落俗套，讀後使人如耳目一新。

梁份的文集稱《懷葛堂文集》。雖然梁份留下的作品不多，《懷葛堂文集》今可見者卻有幾種版本：

第一種，四庫全書本。《四庫全書總目》謂「前十四卷為雜文，末一卷為詩十二首，漫遊雜錄十一條」。

第二種，國圖本。國家圖書館之《懷葛堂文集十四卷詩集一

卷》（簡稱國圖本），扉頁有「本宅藏板」字樣，「本宅」應為梁宅，故有「家刻本」之說，殆為清修《四庫全書》時江西巡撫采進本，署「南豐梁份質人著，同學諸子校」，特多評語，附於各篇之後。書前有姜宸英、王源序，前十四卷收文共一百四十七篇（其中《送朱修齡序》缺首頁，《葉聖祥律陶序》殘稿實為《律陶序》原稿而殘缺者），分為「序」、「書」、「哀辭祭文」、「記」、「說」、「題跋」、「墓誌銘」、「傳」等八大類。末卷為《懷葛堂詩集》，有《集唐詩》兩組共十二首，其後之《漫遊雜稿》有五、七言詩亦共十二首。

第三種，南開本。《四庫全書存目叢書》之《懷葛堂集》，依照南開大學圖書館所藏雍正刻本影印（以下簡稱南開本），此本收錄梁文一百四十四篇，版心卷次數字為墨釘，但亦明顯分為十三卷，文體之混亂，每卷收文之多寡不一，皆甚於國圖本，卷之一多達二十五篇，卷之十三標「哀辭祭文」，所收僅《熊見可先生哀辭》與《送朱修齡序》兩篇。

第四種，贛圖本。江西省圖書館藏，劉良弼重校、光緒十三年排印本《懷葛堂文集》，編為八卷，收文一百四十九篇，國圖本未收之《與八大山人書》、《處士陶之典傳》、《瓶庵贈言跋》均在。詩集附後，篇數與國圖本同。姜序、王序前加南豐知縣狄學耕序，其時贊襄重刻之人也。

第五種，《豫章叢書》本。民國胡思敬《豫章叢書》本之《懷葛堂集》，去狄序，卷數與篇數、篇目均與光緒本同，編排上稍有改進，將「說」從「傳」中移至題跋、書序之中，比較其他諸本，編排體例最為完善。為與《豫章叢書》體例一致，前人評語

盡行刪除。以上是梁份集的收藏大致情況。

二、憫時憂民的鄭日奎

鄭日奎（1631-1673），字次公，號靜庵，貴溪人，清初著名文學家、文論家。順治十六年進士，選翰林院庶起士，讀書中秘，散館後授禮部主事。康熙二年調任荊州關稅監督，十一年與王士禎通典四川鄉試，次年即病卒於北京。鄭日奎自幼浸淫於諸子百家，及秦漢六朝唐宋諸大家文章，後盡棄前人矩矱，「特出已意，自為其文，每所作出，人或賞之，或疑且議之，皆不為所動。」

鄭日奎為文能參究古今得失，溯流窮源，兼取眾長，自成一家。表現如下：首先，主張詩文應寫作者性靈，但不廢學問。其《鴻雪詩序》云：「凡詩文之至者，皆作者之性情才詣，鬱為聲光，流注紙上。」與此同時，他還認為：「工織錦者必先多蓄絲以備擇用，若無絲矣，雖絕世良工亦無所施其巧矣。夫作文織錦也，讀書則係蓄絲以備用之謂也。」（《示弟侄書》）將嚴羽的「別裁說」與江西詩派提倡寫詩作文要「多讀書」、做到「無一字無來處」的主張結合起來，了斷了千百年來一段公案；其次，主張詩文務奇，提倡真我，反對摹擬。在《王報庵詩序》中他說：「天下而無詩也，則能詩者之過也；抑非能詩者之過，能詩而各為其詩，則詩存，則能而共為一詩，則詩亡也。何也？詩以道性情者也。取性情之業，以摹仿衣冠，附和聲氣，尚得謂之詩乎？」他公開宣稱：「余之於詩也嗜奇，即不能奇，亦必不肯苟同。而於論人詩也亦然。」他以為「古人詩，鮮不奇者」。特別

讚揚唐之李賀、明之徐渭，曰：「唐詩固多奇者，而李長吉稱最。……明詩稱奇者莫徐文長若。」其三，反對文人相輕，黨同伐異。《與陳元公書》云：「嘗竊歎明之亡也，以朋黨，以議論；評論詩文，護同伐異。於所是，引為家派；於所非，若擊讎仇。蓋門戶之立，戈矛之爭，釁已伏焉。」他不滿於錢謙益《列朝詩集》，論詩「必泛及其人品，於所不悅，則引繩批根，吹求不遺餘力，又雜引諸浮浪無稽之言為之佐證。」這些意見不僅在當時能切中時弊，即使，今天在仍未失去其現實價值。

鄭日奎著有《鄭靜庵詩文集》。文章質樸剛勁，不假雕繪。或論文，或議政，或記敘人事，皆有所為而發，務求有補於世。鄭日奎「筮仕翰林，遷禮部，並非有民社責，而其發諸文章，鰓鰓然憫時憂民，流連而已」（魏禧《鄭祠部遺集序》）。《漕議》集中體現了梁份經世濟民的思想和才能。文章列舉了當時漕運的種種積弊，「總集眾議復折衷己見，更為援考古今，詳校利害，而不憚條分縷析之煩」，而得出了應該改漕船民造為漕船官造，改糧民運為漕糧官運，改長運直達為短途轉運為利民利國的結論。「陳例陋規，千端百緒，指不勝屈，筆不勝書，真有大可痛哭流涕者。」全文洋洋五千餘言，不僅忠愛之忱溢於言表，且有經世致用的實效，可以遠紹賈誼的《陳政事疏》。此外，《荊州榷事記》寫荊南連年用兵又連遭水旱凶荒、世道時局之艱難，《西山寺記》借老僧之口揭露茶政害民之狀，都「鰓鰓然憫時憂民」。

鄭日奎在文章中也顯現其瀟灑風度。如《醉書齋記》寫的是作者讀書生活的情境。「此文雖一時抒興之作，而敘人敘物，書

呆子種種不歸不則之狀，凡甚口人所不能，名畫手所不能繪者，一一能曲折達之。前後秩序，一絲不亂。實情實事，無一誇飾。使讀之者或驚或笑，惟恐其盡，意到筆到，易時既不能為，此為奇人其文。」（王文濡《續古文觀止》）在文中作者愛書成癖，就如劉伶沉湎於酒。又如《遊釣台記》，改文是作者奉檄抵京途經嚴子陵釣台之後所作的一篇奇文。過舟釣台之下卻無暇舍舟一遊，於是自我安慰：「以為遊，則已遊矣」，「足不及遊，則目游之，」美景如畫，遐想如潮，歷敘目遊、舌遊、神遊、夢遊、耳遊的境界，翻空出奇，妙趣橫生，思雄筆健，最為「雅暢」，也很能見出作者的瀟灑風度。

清代中期江西古文

第一節 ▶ 李紱

　　李紱（1675-1750），字巨來，號穆堂，臨川人，方志學家。康熙四十八年（1709）中進士，授翰林院編修，歷任戶部侍郎，內閣學士，廣西巡撫，直隸總督，禮、吏、工、兵部侍郎等職。李紱為官正直，體恤百姓，雍正二年（1724）任廣西巡撫時，常微服私訪，處理積案，將督、府、司、道各級地方官吏所貪汙的八十二萬兩銀全部查出，並責令限期償還，使吏風為之一新。他不畏強權，因彈劾雍正寵臣田文鏡，曾兩度下獄。李紱一生勤於治學，雅好史學，尤其是對方志學研究頗有見解。奉敕主修了《八旗通志》、《廣西通志》、《畿輔通志》、《臨川縣志》，自撰過《西江志補》、《撫州續志》，對方志的性質、體例、章法、功用、文辭等在理論上有較為完整、嚴密的闡發，提出「志，固史之屬也」，一反傳統的方志屬地理書之說，對扭轉明以後之文弊，提高典籍之地位大有作用。李紱提倡方志編纂應「以諸史為宗」，「悉按史列時代統轄」，認為修志須突出其「籍徵考」、「資援據」，「纂言記事，必載原書」之特點，切忌浮華空疏。李紱的方志理論有其獨到精闢之處，且為乾嘉時方志學的正式建立作

出了較大的貢獻。

李紱不僅學問宏深淵博，為有清一代學術偉人，他對散文的創作也很有見地。清初著名文學家王士禎曾稱他有「萬夫之稟」，內閣大學士李光地亦稱他為「歐、曾代興」，全祖望《閣學臨川李公神道碑銘》稱他「盡得江西諸先正之裘治，學術則文達、文安，經術則盱江，博物則道原、原父，好賢下士則究兗，文章高處逼南豐，下亦不失道園，而堯舜君民之志不下荊公，剛腸勁氣，大類楊文節。」李紱的著作很多，現存至今的文學作品主要保存在《穆堂初稿》、《穆堂別稿》。

《穆堂初稿》五十卷，乾隆五年由其弟子應上苑、王恕等人刊刻。其卷二十四為雜論、雜議、贊、箴；卷四十四為策問；卷四十五至卷四十七為題跋；卷四十八至卷五十為昭告文、哀詞、祭文。《穆堂別稿》五十卷，乾隆十五年由其弟子龐嶼、魯曾煌、桑調元等人刊刻。其中卷九為說、考、解；卷十為論、贊、銘；卷十一為墓誌和墓表；卷十二為記；卷十三為萬壽園記；卷十四至卷十五為雲南驛程記；卷十六也為記；卷十七至卷二十為槽行日記；卷二十一至卷二十三為廣西二兵記；卷二十四至卷二十七為序；卷二十八至卷二十九為傳；卷三十至卷三十三為疏、札；卷三十四至卷三十七為書；卷三十八為詔、試策、策問；卷三十九至卷四十一為題跋；卷四十二至卷四十三為四六文；卷四十四為論文；卷四十五為文移；卷四十六至卷四十七為檄文；卷四十八為告論；卷四十九為凡例、條約、事宜；卷五十為行述、祭文。（以上據奉國堂刻本統計）《穆堂初稿》、《穆堂別稿》兩書包含的內容非常廣泛，其中最多的是詩，共有二十三卷；其次

是為記一類的文章，有十四卷，再次是墓誌、祭文一類的文章共有九卷，另外，還有像考證、疏札、題跋一類的也較多。

李紱重視文章的內容，認為立言與立德、立功密切相關。主張文以載道，對韓愈、李翱、歐陽脩、曾鞏特別推崇，認為他們「能文而衷於道」，而對柳宗元、王安石和蘇氏父子的文集則頗有非議，認為他們「能文而論道多駁雜」，但還是把韓柳歐王曾蘇六家都看作六經、《史》、《漢》之後的文章正宗。李紱講究文章藝術，說「文如作畫，當工於設色……」要求「文字刻畫形容，能使千載之下讀之，神情飛動。」他還主張寫雅潔的文章。在《古文例禁八條》中對「儒先語錄」、「佛老餘唾」、「訓詁講章」、「時文評語」、「四六駢語」、「頌揚套語」、「傳奇小說」、「市井鄙言」一例禁止使用等。李紱的文章理論除了以上所言，還主要見於他的《秋山論文四十則》。

李紱的文章內容很廣泛，議政議兵，論學記遊無所不有。他用來自警的居室銘文《無怒軒記》是最見性情的文章。楊希閔評李紱的古文「直達肝膈，無所緣飾」，指出李紱的文章似從胸臆間流出，讀之可知其人之方正。其文部分如下：

怒為七情之一，人所不能無。事固有宜怒者，《詩》曰「君子一怒，亂庶遄沮」是已。顧情之發也，中節為難，而怒為甚。血氣蔽之，克伐怨欲之私乘之，如川決防，如火燎原，其為禍也烈矣！吾年逾四十，無涵養性情之學，無變化氣質之功，因怒得過，旋悔旋犯，懼終於忿戾而已，因以「無怒」名軒。不必果無怒也。有怒之心，無怒之色；有怒

之事，無怒之言。蓋所怒未必中節也。心藏於中，可以徐悟，色則見於面矣；事未即行，猶可中止，言則不可追矣。怒不可無，而曰「無怒」者，矯枉者必過其正，無怒猶恐其過怒也。軒無定在，吾所恒止之地，即以是榜。

　　文章篇幅短小，內容卻很深刻。不因自己「因怒得過，旋悔旋犯」而完全否定「怒」的必要，重要的是要恰如其分地表示自己的憤怒，在憤怒之餘要懂得克制。文章要闡發的道理，具有深廣的意義。全祖望說李紱的文章「高處逼南豐」，具有「紆徐而不煩，簡奧而不晦」的特色，由此可見一斑。楊希閔評李紱的古文「直達肝膈，無所緣飾」，在本篇對「怒」這一立意中也直顯其本色。

　　李紱的敘事之文很能反映這位學者的文風。他對敘事之文的創作有自己獨特見解。「文章惟敘事最難，非具史法者，不能窮其奧窔。」《贈太常寺少卿彭公傳》敘述明代循吏彭好古兩任縣令期間的突出政績和高尚節操，事皆瑣細，卻高度集中，重點突出，條理分明。最能反映李紱敘事成就的是他的《雲南驛程記》。該書分為上下兩卷，是李紱在康熙五十六（1717）年奉命到雲南主考將近四個月的行程中每天寫下的日記。諸錦在《跋》中說：「凡奉使之飲冰，征夫之每懷靡及，卿大夫之才具，見於是焉。」沿途的自然風物、名勝古跡、吏治民情，在文章中都有簡潔生動的反映。如過荊門州的情形，作者寫道：

　　六月初一早行二十四里至小南橋，又三十六里至荊州

門。知州聞使者至，飄然往府；吏目驛丞等以送知州為辭，無一人迎候。既止一旅店，州吏目始來謁，驛丞既至，麾而去之。自宜城以南，悉行山路，近二百里，仰而登山，俯而涉溪，無三里平坦者。少陵所謂「群山萬壑赴荊門」，信不虛云。

長途跋涉的辛苦，地方官吏的冷淡，作者恰如其分的憤然表示，以及登臨攬勝的情懷，都可於此等精煉的敘述中想見。文章善於刻畫形容沿途景色，寫得簡潔而姿態橫生。又如寫貴州黃果樹瀑布的一段：

……又前十里為白水河，河從山間流出，廣可十數丈，危坡層注，悉成巨瀑，如白棉飛卷而下，霏煙噴霧，心目動盪。稍前有白虹橋，跨河而過。行五里至黃葛樹，早飯出村里許，有望水亭當白河最勝處，今毀於火，架草棚於舊址。余下輿眺瞻，歎為奇絕。蓋河身本高，至此忽注落深澗，約分三疊。第一疊第二疊稍覺平漫，第三疊陡崖直下十餘丈，若風卷積雪，又若純棉鋪掛，白光眩目，聲若殷雷，飛沫衝激，化為煙霧，半江昏隱，真大觀也。

其弟子諸錦把此文與歐陽脩的《於役志》、范成大的《吳船錄》、陸游的《入蜀記》相提並論。

李紱最擅長的還是駁論一類的文章，此類文章很能見其考證功夫。如他為王安石辨誣的著作《書〈辨奸論〉後兩則》、《書

〈邵氏聞見錄〉後》、《書〈宋明臣言行錄〉後》等文。如《書〈辨奸論〉後兩則》：

> ……謂其人口誦孔老之言，身履夷齊之行矣，又謂其陰賊險狠，與人異趣。人之為人，言與行二者而已，言孔老，行夷齊，又何多求焉。孟子謂伯夷為聖人而百世師也，履夷齊之行，可謂之陰賊險狠乎？……若夫收召好名之士，不得志之人相與造作言語，以為顏淵、孟軻復出，則荊公本傳與荊公全集具存，並無此事。荊公生平孤立，曾文定而外不妄交一人。本傳謂借援韓、呂為重，亦本《聞見錄》揣度之妄言耳……夫人之作奸，必有所利而為之。荊公生平以皋夔稷契自命，千駟弗視，三公不易，此天下所共信者，復何所為而為奸。彼誠見夫宋之積弱撬然不可以終日，而公卿大臣如處堂之燕雀，宴然自以為安。不得不出而任天下之重，而又幸遭大有為之主，遂毅然相與立制度，變風俗，排眾議而行之。凡以救國家之弊，圖萬世之安，非有絲毫自私自利之意。其術即未善，而心則可原。曾何奸之有哉？

該文對王安石變法的局限進行客觀評價：首先肯定其局限的存在，然後認為其局限的產生，並非荊公本人的意料，更指出王安石變法的動機是為國為民，儘管王安石的變法有些不如人意的地方，但王安石的膽識和胸襟是其他公卿士大夫所不可同日而語的。這篇文章義正詞嚴，擲地有聲，氣勢磅礡，桑梓之情貫穿其中，讀來讓人盪氣迴腸，被清代著名的史學家全祖望評為「高處

逼南豐」。而其弟李紱則曰：「兄生平志荊公之志，以皋夔自命」；鄭方坤在《國朝名家詩鈔小傳》則說：「於命世之志取介甫」，全祖望也評李紱：「堯舜君民之志不下荊公」，可見這位臨川先賢對其影響是相當大的。在李紱的文集中也有專門寫有關於曾鞏的文章，如《曾文定公居臨川考》、《興魯書院記》等等。

　　李紱的散文理論集中體現在《秋山論文四十則》及《古文例禁八條》，概括講主要是：重視文章內容，主張文以載道；講究文章藝術，要求文字刻畫形容，使千載之下讀之神情飛動；主張寫雅潔的文章。李紱是清代康、雍、乾三朝時期著名的人物，他不僅是一代名宦，而且也是一個著名的陸王學者，在他的文集中展示了學者文人的縝密與樸實。

第二節 ▶ 建昌作家

　　清代中葉，桐城古文風靡天下，江西散文家也深受其影響。影響最明顯的是以黃永年、魯九皋、陳用光為代表的建昌府作家。他們的散文整體呈現平正通達、頗近雅潔，文筆不似前期作家。具體如下：

一、「入於易堂，出乎桐城」的黃永年

　　黃永年（1698-1751），字靜山，號崧甫，廣昌人，《南莊類稿》為經說、史論、書簡、序記、碑誌文，《靜子日記》為語錄札記。自幼穎敏嗜學，求學於族祖黃建，又先後師從魏禧門人梁份和主持豫章書院的翰林陶成，獨自在白雲山中苦讀十年，窮究

儒學義理及古今之亂得失。乾隆元年進士，歷任刑部主事、鎮江知府等職，後任常州知府時，因事被劾去職，羈留三年，卒於邸舍。著有《南莊類稿》和《靜子日記》。

永年論讀書，以闕疑、逆志、論世知人三者並重。論文亦推原六經，「文以六經為根柢，班、馬二史為波瀾養氣」（《靜子日記》）。他推崇歐陽脩的散文，以為歐文「指事抒情，狀意寫物，燦若春風，溫逾良玉，所謂措諸典籍而無愧，質諸三代而不疑，修庶幾焉」（《歐文論》）。而於蘇軾散文則有微詞，「其為人天真豁達，而遇物輕傷譏笑詠諧之。詞觸手輒出，於世風實長浮薄，此子瞻之失也」（《蘇軾論》），認為蘇軾的散文寫得不夠嚴肅，與經書不符。其取捨標準也在歐氏之得在「師經」，而「蘇氏之學，本出於史，其附於經術者多牾而不根。」

《與族造侯先生書》是黃永年早年求師之作，少年壯志躍然紙上：「士之卓然自立，成天下之大功，辦天下之大事者，唯其氣之磊落奇偉足以勝之。是氣也，命之於天，受之於其所不自知，不可以強而有，然未始不可以學問充養而致。」文章列舉了鄧禹、范仲淹、程頤、張載等青少年時代就有的特達俊偉之氣，闡述求學養氣的重要性，最後才落到求師的目的上：

　　永年生十有九年矣，其才質鄙薄，固不敢望古人之萬一，然其心亦有不敢自棄者。去歲偶得《范希文集》讀之，觀其文章氣節，欣欣然想慕其為人，歎其流風遺範，足以振興百世，而自恨索居寡助，無良師友朋相與砥礪，恐遂頹惰不振拔。

好學上進之志，求師問道之心，略無顧忌，坦然直陳。情辭懇切，文氣暢達，很有初生牛犢的氣慨，也可見永年早期散文的議論水準。

永年好論史，承易堂遺風，著《興說》三篇：上篇先述義諦，謂「特立乎一世謂之興，創所未有謂之興。」中篇則舉歷代能「興」之人。下篇言積重難返，興之不易。應麟稱其「有舉頭天外，目空千古之概。」（《江右古文選》）又著《顏真卿》、《張巡》、《許遠》三論，大義凜然，讀之令人泫然涕下。黃永年敘事散文平實質樸，簡省精當，間雜以考證與描述，都是點到為止。如《重修平西壩河堤記》以修復平西壩為中心展開敘述，結構嚴謹清晰，文辭簡潔精煉。

《靜子日記》雖為片言隻語，但不論立身行事，論學論文皆不乏真知灼見，如：「讀書不可尚纂組，雖閱盡等身書無益。要開發古人所未有，以用為要。」「古人往矣，其精神性情言行只數行文字死在冊子上，吾之心靈眼力所到，見他是活的乃大妙。」「百物玩好，今日新而明日陳，然天地造化日新而不窮，人心之智亦然。善立言者博觀往跡，證以今日天下國家民生風俗世變之故，則明道、經濟必非古人宿物可以假借，如八寸三分帽子人人帶得去。則吾之學識議論與世變為補救也，必有前人所未及者，此方是新，自不暇襲前人，故文無切於身心世故，皆謂之陳言可也」，皆能切中時弊。入於易堂，出乎桐城，是黃永年的散文創作道路。

二、「迂迴反覆，使人各得其解」的魯九皋

魯九皋（1732-1794），原名仕驥，字潔非，號山木，又號樂廬，晚更名九皋，新城（今黎川縣）人，人稱山木先生。乾隆三十六年進士，因親老不仕，居鄉課讀又二十餘年，始就選山西夏縣知縣，兩年後卒於任所，著有《山木居士集》。

九皋處在桐城派古文風靡天下的時代，少時即受業於陳凝齋和朱仕琇，又嘗從桐城派名家姚鼐問古文義法。姚作《復魯絜非書》，就文章風格提出陰陽剛柔之說，魯亦因此而知名。魯九皋雖與朱、姚相善，而事朱仕琇尤謹，稱朱為文「始學韓愈，其後更博采秦漢以來諸家之長，而獨成其體於韓子之後」，將朱仕琇推崇為自唐至清的唯一繼起者。九皋幼承家學，習韓愈散文，少時受知於文壇名流朱氏，中年讀姚鼐古文，一生轉益多師，不敢自是，文章之氣味屢移，然由於他一生於散文用力甚勤，因此也形成了自己的風格。王昶為他的文集所作的序言稱他為文「淳古淡泊，不事雕飾，迂迴反覆，使人各得其解」。姚鼐謂其文雖本於仕琇，卻能自成一家。

九皋的文章，雖多宣揚程朱理學，但在章法技巧上有一定的成就。《息廬記》是其代表作。其文曰：

當先曾大父之經營此地而築室也，其意豈不欲子孫之長有其室，而讀書於其中哉！顧不數十年，輾轉易主，不肖如余，曾弗得一夕居焉。卒乃為陳君所有，餘反得因而居之。然則人之艱難辛苦為子孫計長久者竟何為哉！彼達觀者以天

地為遽廬，不其然乎？雖然，室廬身外之物也，財物之消息盈虛，數也。而祖宗子孫之相傳，其精神必有獨貫者。

作者由一所書房之輾轉易主，悟出天下事之消息盈虛原無定則，希望的未必能成為事實，不曾想過的有時卻也能偶然得之。室廬財產的消息盈虛盡可聽之自然，而世代相傳的家庭，必須有一種世代相傳、始終不移的精神。文章事理通達，而心平氣和，「醇古淡泊」、「沖夷和易」。

此外，九皋學文還特別仿效宋之歐陽脩、曾鞏，明之歸有光，自稱獨好歐陽脩、曾鞏二集，尤慕曾鞏。但他認為柳宗元、王安石、蘇軾父子之文「峭岸鑱刻」，便「不慊於心」。至於明中晚諸名家文字，其更廢棄不觀（見《答陳繹堂書》），獨好歐、曾、楊（士奇）、虞（集）、歸（有光）氏之文，最仰慕的是曾鞏。九皋在創作上取徑既狹，難有更大的創造。由於九皋重視散文創作，執教時間又很長，門徒眾多，凡經指授，皆有可觀，帶動了當地散文的創作。其門人陳用光、魯賓之、魯習之等，散文創作均有一定的成就。

三、「理皆平實，辭旨溫厚」的鄒夢蓮

鄒夢蓮（1759-1830），號曉江，宜黃縣人。乾隆五十年舉人，嘉慶十四年由大挑二等補興安（今江西橫峰）教諭，在任十二年，六十五歲乞假歸。夢蓮由私塾而至教諭，終身執教，遠近從學者甚眾，一時品學兼優者多出其門。今存《曉江文鈔》二卷。

劉繹《曉江文鈔》稱夢蓮之文「理皆平實，辭旨溫厚，至所謂恼恍玄渺若可解若不可解之語，無有也。且即逐篇以求之，於敍述想其孝友篤行之真，於辯論想其獎勵激揚之雅，蓋事事實踐於己，故其為說也切近而可行，簡約而共曉，雅飭和平之至，清潔絕俗之際，如其所素養焉」。夢蓮畢生從事教育，且是一代名師，把深奧的道理說得「切近而可行，簡約而共曉」，是教師的必要修養，也是教學和創作實踐中磨練出來的本領。《學術辨節要》將著名學者陸隴其《學術辨》三篇論文提煉為一篇，直斥王陽明「良知說」是「以禪之實而托之儒門」，指出了其說在現實生活中的危害及其在理論上的乖謬，以及天下學者所以樂趨之而不能捨之的事實和原因，思想雖近於保守，道理卻說得實在。行文簡潔明快，不枝不蔓，非剿襲前人之比。《王浚論》以西晉開國功臣王浚、曹彬答潘美之言為是，以謙抑之德為高。理皆平實，辭旨溫厚於此可見，「借題闡義，語語卓立」。

夢蓮的記敍文以夾敍夾議見長，如《梧陰讀書圖序》述其生平讀書之難曰：

　　束髮受書，塾師頗以能讀許之，而十齡而後，《詩》、《書》、《易》三經皆以成誦，求所謂《禮記》者，家貧竟無其書，而其他可知，此其慳於讀書之緣者一也。及為諸生，典衣購書，得寸進尺，而後十三經略備。嘉慶甲子之夏，溪水驟漲，沖壞室廬，而三十年所積盡付洪流，此其慳於讀書之緣者二也。其後賓士南北，竊祿師儒，舟車應酬之外，專志讀書者無幾時。今退老林泉，目昏心窒，雖有書不能讀，

此其慳於讀書之緣者三也。

窮儒讀書之難由此可見，在困境中，典衣購書，展現了作者
人窮志高的風範。文章轉筆寫道：「自謂知讀書之難者亦莫如
予」，列舉程頤以讀書而立德，趙普以讀書而立功，韓愈因讀書
而立言，都是善於讀書之人，於是順理成章地推出「書在善讀，
不在善藏」的道理。

另外一篇《曉江書院記》寫自家兄弟子侄皆生長其中的祖屋
質出又贖回的變遷，寫了對早年生活的回憶，對人生的感歎，以
及自己對此屋的喜愛和留戀。「文情憂鬱，一往而深」，頗似歸
有光《項脊軒志》，而「俾吾家子弟知前人讀書艱苦，一資半
級，得之良非易易，由是益奮其志」的命意，也與歸氏不作「坎
井之蛙」之志相類。夢蓮《與陳象門》一文如「行雲流水，蕭
散自如」。《梧陰書屋圖記》一文則於說明中輔以精練而形象的
描寫，使人「讀此當可臥遊」，都是從中見出作者性情之醇雅端
正。夢蓮一介寒儒，平生艱苦備嘗，任教諭之時置學田卻能捐俸
以充生員膏火之費，可見道德非一般徇祿之人可比，故其文一如
其人焉。

四、「寬博樸雅、平正通達」的陳用光

陳用光（1768-1835），字碩士，新城人。嘉慶六年進士，改
庶起士，散館授編修。十九年一度轉為御史，後仍供職編修。道
光年間累官至內閣學士兼禮部左侍郎，國史館總纂，文穎閣《明
鑒》總纂。多次出任鄉試、會試主考官；晚年先後提督福建、浙

江學政。著有《太乙舟文集》等。

　　用光古文主要受桐城派的影響。先是受舅舅魯九皋的影響，從舅氏魯九皋習朱梅崖古文十餘年，直到二十三歲於鐘山謁姚鼐，研讀姚氏古文，乃知梅崖古文「氣少懈而骨格未堅」，從此改習桐城古文。用光以文章請業，師從姚鼐二十餘年，服膺姚氏「義理、考據、詞章」三者並重之說終生不易，並以此指導創作。

　　陳用光論學論文皆以適用為本。其言曰：「夫學何為？期適於用而已矣。適於用，則古今異執而同術；不適於用，則其文辭雖工，亦歐陽子所謂『草木榮華飄風，鳥獸之好音過耳而已』，何足以言學？」他的《論營田水利札子》很能體現「適於用」的宗旨。該文的寫作背景是灘陽河決之後，山東、河南餓殍載路，田地荒蕪之時，根據國家面臨的嚴峻形勢和現實需要，陳用光提出了救荒三策：

　　　　一則曰急興修堵決口之工，俾為工者得以糊口，是以工代賑之法也；一則令地方官出示曉諭買田者，俾多出資募民耕種。耕田者既可得食，買田者亦無廢土，其勢無不樂從，其事實為兩便；一則仿廢員效力營田水利之法，令河南大吏於因公呈誤而非有私罪者，令其分段辦理。以官職之崇卑分段落之大小，彼將藉此免罪而為出身之路，則雖竭才力以從事，宜無不奮勉者。由以工代賑之法言之，則國家本有修河之費；由買田募耕及廢員效力之法言之，則不必謀經費而坐收水利溝渠之益，所謂因勢利導，莫急於此。

用光「實事求是，議務執平」，「期適於用」，均在此文中清晰反映出來了。祁寯藻序其文，評用光文為「實事求是，議務執平，不然鰓於漢宋之爭，而精思所詣，其言自足為世法；不規規於韓歐之貌，而真氣所薄，其文皆有關於世教。」關注現實，立足現實，是陳用光散文的基本特點。

作者在御史台任職時所上其他的幾篇札子，用世之志與治事之能皎然。《論令廢員興修水利札子》，論興修水利的重要性及令廢員興修水利的「三利」，均屬具體可行之策。「公之志在正人心，厚風俗，而非徒以文章為報國之具」（吳德璿《陳公神道碑銘》）。體現用光「正人心，厚風俗」之志的還有任福建學政時所作《重修江東橋記》。該文從一橋之重建，見移風易俗之可望，發揮孟子「惻隱」、「仁術」之說，作記以勉勵地方長官及鄉黨長者，冀爭鬥攘奪之俗一變而趨於仁。任浙江學政時上論《論孫覿專祠摺子》亦同樣如此，認為孫覿乃覥顏媚敵的邪佞之徒，不宜享有專祠，為朝廷所採納。此皆「正人心，厚風俗」之舉，亦是「期於適用」之文。

用光之文崇尚「平淡自然」的風格，梅曾亮序其文曰：「新城少宗伯陳公，為古文學得於桐城姚姬傳先生，扶樹理道，寬博樸雅，不為刻深毛摯之狀，而守純氣專，至柔而不可屈；不為熊熊之光，絢爛之色，而靜慮澹淡，若近而或遠，若可執而不停。」《太乙舟文集》中最「適於用」的文章也都寫得寬博樸雅、平正通達。

受桐城派理論的影響，用光一生用力最勤處，是對文章家宣傳考證的重要性，對考據家宣傳詞章的重要性。重考證而反對

「繁稱博引，刺刺不休」，重詞章而「不為熊熊之光，絢爛之色。」陳用光以「平淡自然」或「沖淡夷猶」為散文創作的理想境界，敘事說理皆從容不迫，平正通達，簡練周到，樸實無華，即使是遊記之文，亦不似前人好用隨物賦形之筆法，而只是點到為止，故而文筆未免枯淡。這跟他博綜漢學而不背程朱，研精考訂而兼工文詞的理論有關，也跟他的個人才力有關。

五、重視經世致用的吳嘉賓

　　吳嘉賓（1803-1864），字子序，南豐縣人。幼聰穎，與胞弟嘉言並有「神童」之名。道光十八年（1838）進士，改庶起士，授編修。二十七年（1847）因事謫戍軍台，釋回後恰逢太平天國事起，嘉賓應邀入江楚大帥幕府襄理軍務，又督辦本籍團練，以救援府城功賞內閣中書加侍讀銜。同治三年（1864）與太平軍激戰陣亡。著有《求自得之室文鈔》等。

　　嘉賓邃於經學，為古文宗姚鼐、朱仕繡，尤得歸有光法。吳嘉賓作文同樣注重實用，重視經世致用之學。《答子朴弟書》云：「兄意欲弟輩從經書實學積累，用心古今倫常行事得失與家國所以興衰治亂之故，反復稽核至於當前言行應違，尤為吾學考證之實。」可見「究心當世利弊」，是吳嘉賓創作的出發點，並且惟有如此才能「治古文尤卓然得體要」。

　　吳嘉賓經世之文有《海疆善後疏》及《論內外欺罔疏》等數篇。《海疆善後疏》闡述的是他針對鴉片戰爭時期清朝廷內憂外患提出的解決方案。吳嘉賓認為鴉片戰爭是外夷與漢奸相互勾結而發動的，若能弭止內患則外夷必不敢動，因此當戰事方殷之時

不談兵事而提出所謂「靖內四策」：重沿海知府以責吏治；沿海招募屯田以省兵餉；定海洋物價以遏奸利；沿海實行保甲以寓團練，若能如此則「我有可久之形，彼有必敗之勢」，可不戰而屈人之兵。吳嘉賓認為實力的強大、內部的團結是抵禦外寇入侵的前提。雖然該文寫得有理有據，頭頭是道，文氣激昂，充滿自信，但無異於書生談兵，對英帝國主義的侵略野心視若無睹，不務「攘外」而專意「靖內」，無益於鴉片戰爭的勝利。《論內外欺罔疏》分析了鴉片戰爭失敗的原因，並能一針見血，「皇上偶未深究，諸臣即喜其得計，以為彌縫了結，乃真正風氣。孤立一派，萬不可為。」「迨沿海遵旨嚴辦，各處猶陽奉陰違，遷延塞責……欲俟將來稍有窒礙便可陰行沮格，既不任嚴禁啟釁之咎，復不居弛禁釀禍之名」。文章認為鴉片之禁的失敗及海疆之患的產生實因腐敗的官場積弊造成了的，這種看法很有見地，也很大膽的。作者還提出了杜絕欺罔的辦法：「有罪必行其罰」，「有才必盡其用」；「威必行於貴近，恩必逮於微賤；恩不逾日，威不後時。」對於投降派給予的譏諷，「竊見無識者流謂國家無人、無兵、無糧餉、無器械，不得不從權宜。臣謂無人則當求人，無兵則當練兵，至於糧餉器械，亦當籌度現在所有，多則持重，少則用謀，作三軍之氣，定邊疆之危……現在中國之財，耗於逆夷之擄掠與任事諸臣之糜費以千萬計，其於事體無尺寸之功，有無窮之害，坐使皇上節用愛人數十年之積累為之罄盡，言之可為寒心。」字裡行間，憂國憂民之心，慷慨激昂之氣自現，頗具感人力量。

　　吳嘉賓之文還長於論學。《王陽明論》即是「潛心獨悟，力

求自得」之文，該文針對朱熹和王陽明對於《大學》上的「致知在格物」之說的不同解釋，肯定朱熹「即物窮理」之說和王陽明的「致良知」之說都有道理，又都有過分強調之嫌。作者認為學者只宜「兼思而並利之」，而不能「專主一家之議，是此非彼」。《清史稿》云：「嘉賓學宗陽明，而治經字疏句釋以求據依，非專言心學者，其要歸在潛心獨悟，力求自得。」

嘉賓的思想也有一定的進步性。《新城二烈女傳》中表達了他對封建家庭女子婚姻的態度。文中寫了陳烈女為反抗家裡將她聘與蠢鄙之人而絕食而死，丁烈女因水災危難而知所聘之人見死不救憤而自縊，接著議論說：

> 或謂二烈女身已受聘，憤而不隨以至於死，異乎古者三從之義。予謂不然。而烈女之愛身也，甚於生。知其有屬，心之所非，則寧完其貞以死而不撓，雖古志士何以異哉！夫三綱一也，而其義有別。父子，天性也，私也，無所解於其心。君臣，義也，公也，可則進，否則奉身而退。夫婦之道，合於至公而成於至私。其始則行道之人耳，及其受父母命而胖合也，則存亡榮辱莫不同之，雖甚不可而無如何，故為父母者慎之也。丁烈女知名童昏之時，見惡倉促之際，無可言者。陳烈女之事，抑可傷矣！

文章敘事簡潔，頗有章法，而議論尤為通情達理。文章沒有反對父母包辦兒女婚事，但認為父母對兒女的婚姻大事應該慎重，不能聘其非人，強其所難，實際上肯定了女性有反對不合理

婚姻的權利，在當時算是比較進步的思想了。

吳嘉賓擅長詩文，其文章成就在清中葉古文已經日薄西山的情勢之下算是成果斐然可觀的作家了。嘉賓對自己的古文創作進行總結，「尤心服者莫如桐城姚先生……假生早數十年，贏糧以趨，決不後至」（《與管異之先生書》），嘉賓於姚鼐之文仰慕至極，亦可知其曾以古文受知於陳用光，又屢至管同門下欲得其教誨啟迪。

第三節 ▶ 江西四子之一：蔣士銓的古文創作

在清代的文壇上，蔣士銓是一位引人注目的重要作家。他的詩歌與袁枚、趙翼並稱為「乾隆江右三大家」，又與汪軔、楊垕、趙由儀並稱「江西四子」。其劇作被日本著名文學史家青木正兒稱為「佳作不少，然戲曲以他為殿軍」。

蔣士銓（1725-1784），字心餘，一字苕生，號清容，晚號定甫，別署離垢居士。他的先世本姓錢，原籍浙江長興，祖父承榮，字靜之，幼時值明末亂離之際，流徙至江西鉛山，為蔣堅寵嗣子，始改姓蔣。他的父親名堅，字非磷，號適園，慷慨仗義，有古俠士風，又精刑名之學，屬拯人於患苦之中。母親鐘令嘉，字守箴，自幼從父讀書，敏於才思，晚年自號甘荼老人。所著除《藏園九種曲》外，有《忠雅堂文集》十二卷，《忠雅堂集》二十七卷，《銅弦詞》二卷，至今流傳於世。

蔣士銓誕生於江西南昌。幼年家境清寒，但卻受到良好的家庭教育。由於父親長年奔走在外，他從小就跟隨母親寄居在餘干

縣瑞洪鎮外祖父鐘志順家。四歲，母即授以四子書，斷竹篾排撇書，教他認字。外祖和諸舅也都關心對他的教育。九歲，母又授以《禮記》、《周易》、《毛詩》及唐宋人詩。十一歲那年，家人皆遊齊、魯、趙、燕等地，士銓於馬背，歷覽太行、王屋之勝。入山凱撤州，館於鳳臺王鎧家者十年，得讀王氏豐富的藏書，以是學業日進。二十歲，全家束裝南返，旋卜居鄱陽。次年，娶婦張氏於南昌。二十二歲，還鉛山應童子試。

蔣士銓的古文，為他的詩名、曲名所掩，前人論評較少，其實他的散文，亦自卓然成家。《忠雅堂文集》十二卷，收文二百四十九篇。《忠雅堂文集》集中原以文體分，實則各體文章之間互有交叉，或可同參並觀，或可予以歸併。蔣士銓的文章，主要是以下四類：傳記、序跋、雜記、書札。就文學色彩而言，主要以傳記和雜記類作品為佳。

一、傳記

包括傳、墓誌銘、墓表、行狀等，合計篇數幾及全集三分之一。其重要作品約略以時代、年輩前後排列。大致如下：前輩人所作的傳記有《倪文貞公傳》、《馬文毅公傳》、《先考府君行狀》、《左都御史金公檜門行狀》、《實意先生傳》、《隨園徵士旁君傳》。為同輩人所作的傳記有《江松泉傳》、《汪魚亭學博傳》、《溶川汪君墓誌銘》、《左中丞筠圃饒公墓誌銘》、《石蘭詩傳》、《越州七詩人小傳》、《龔一足傳》、《翰林院檢討伯庸田君墓誌銘》。

蔣士銓所撰寫的人物傳記，大多為其親朋故交、同鄉同年而

作。有的真切詳盡，如《先考府君行狀》，述其父親蔣堅傳奇式的一生經歷，洋洋萬餘言。有的言簡意賅，如《龔一足傳》，記南昌龔夔困於童子，試五十年，重點突出其狷介兀傲「不諧於時」的個性，全文還不到二百字。有的概述傳主的家世、生平，有的兼及其詩文著述以至遺聞軼事，有的更綴以「太史民曰」、「論曰」一段論贊。有時作者還聯繫到與摯友幾十年的交往歷程，如《汪魚亭學博傳》。有時因親友的物故而引發的身世之感，如《左中允筠輔饒公墓誌銘》。有的傳主在文集中凡數見，如《左都御史金公檢門行狀》，記述他的恩師金德瑛一生的主要事蹟。若參以《金檜門先生遺詩後序》、《檜門先生畫像記》、《檜門先生書拓跋》、《同李敬躋趙大經公祭都禦史金公檜門先生文》等篇，則可以多側面地瞭解其正直、淡泊、好學深思的品德以及師生情誼之切和作者文學思想的淵源所自。有多人的合傳，如為劉文蔚等所作的《越州七詩人小傳》。也有側重詩人行誼的詩傳，如為女詩人胡慎儀所作的《石闌詩傳》。總之，蔣士銓的傳記，形式多樣，不拘一格。行文之詳略，記敘之繁簡，則因人、因事而異。敘述方式，以順敘居多，也有倒敘；有先敘後議，也有先議而後敘，而更多的是夾敘夾議。傳記文雖重在敘事，但也不乏形象的描寫和生動的細節。

　　《先考府君行狀》是蔣士銓的代表之作。文章開篇敘其父蔣堅七歲時智力超群，在南昌進賢門外法雲堂指點捕卒偵破殺人案；中間歷數蔣堅一生各種傳奇經歷和感人的義舉；結尾則寫其臨終前賦詩云：「匹馬行邊作客豪，燈前懶看殺人刀。此身落得無牽掛，世上功名付汝曹。」前後呼應，結構嚴謹，行文放縱不

拘，洋洋近萬言，不愧為長篇傳記中的典範之作。蔣士銓的另一篇代表作是《龔一足傳》：

> 龔夔，字一足，別字四指。南昌中洲人，事母至孝，性狷介，寡嗜好善。摘書、史奇險語及《莊》、《老》、《淮南》書作經義，以是困童子試，五十年不售。善行草書，常與八大山人遊，然書必鍵戶，不多作，人爭重之。生平不苟取，交好或有厚遺，亦不謝。歲授徒得金，悉封遺母氏，私篋蕭然也。尤不喜近俗人。在酒座，輒閉目，連舉數觥，喉中隱隱作聲去，益不諧於時。終身不娶妻，言及婦人則大笑。或以絕祀責，乃愀然曰：「死以兄子繼，足矣！」六十餘，授徒某家。夜忽起，聚詩文為薪，煮苦茗啜之，趺坐木榻上，泣誦《蓼莪》詩，凡數遍，遂歿。

全文不足二百字，概述了清初具有叛逆色彩的南昌士人龔夔困於童子試五十年的傳奇經歷。作者用惜墨如金的手法，重點刻畫出了人物「事母至孝」的品性和狷介桀驁、「不諧於時」的獨特個性。人物形象生動傳神，呼之欲出，堪稱短篇人物傳記中的上品。

二、序跋

主要是詩序和書畫跋兩類。蔣士銓的詩序在評論視作者的同時，常藉以闡發自己在詩和文學方面的觀點，如《邊隨園遺集序》、《敘叔梧秀才詩序》、《沈生擬古樂府序》等。《胡簡麓秀

才詩序》論述詩品與人品的互為表裡，《趙雲松觀察詩集序》涉及創作與生活的關係問題，均是精到之見。《何鶴年遺集序》、《柳村遺草》既述其詩歌的卓爾不群，復憫其一生遭際之坎坷，直可視為作者為何在田、劉大申所作的兩篇傳記。

　　蔣士銓精於書畫的鑒賞品評，《跋文衡山書後》、《雜跋李書樓墨刻各帖》、《書李北海景君碑跋》、《自書黃庭經跋》論評歷代書法名家的風格、源流、得失、真贋，或旁徵博引，或妙用比喻，表現了作者對書法藝術的淵博知識和精深見解。《錫山吳省曾畫像冊跋》贊吳省曾寫真得波臣派真傳，兼論畫貴神似。《後遊蘭亭圖跋》描摹作者與劉達夫、劉豹君等十一人遊蘭亭時的情景，圖中人物各各不同的狀貌、服飾、姿態、動作，宛然在目，堪稱傳神之筆。

三、雜記

　　蔣士銓的雜記類散文，主要是指文集中以「記」名篇的一類作品，其中還包括一些篇幅短小而內容豐贍的隨筆。《學詩記》一文中，作者除了記述自己平生學詩的經歷和體會之外，還涉及一些詩友的情況；而《遊記》則概述了作者數十年的遊蹤以及「遊展所至，不負古人」的義舉。兩篇文章均不足二百字，稱得上簡練得法、惜墨如金的典範。雜記類散文中文學成就最高而常為後人稱道的，當首推《鳴機夜課圖記》和《歸舟安穩圖記》兩篇題畫作品。

　　《鳴機夜課圖記》作於乾隆十四年（1749），文章記敘了蔣士銓的母親鐘令嘉辛勤撫養、教育自己成長的過程。在文中母親

具有溫順賢慧、辛勤育兒的種種美德，蔣士銓竭力想把鐘令嘉塑造成一個完美無瑕的賢良婦女的楷模。文章通過對鐘令嘉言談舉止、性情面貌的精細刻畫，使人物個性凸現在讀者面前，文中蔣母課子一段尤為感人：

　　記母教銓時，組紃紡績之具，畢置左右，膝置書，令銓坐膝下讀之。母手任操作，口授句讀，咿唔之聲，與軋軋相間。兒怠，則少加夏楚，旋復持兒而泣曰：「兒及此不學，我何以見汝父！」至夜分寒甚，母坐於床，擁被覆雙足，解衣以胸溫兒背，共銓朗誦之；讀倦，睡母懷，俄而母搖銓曰：「可以醒矣。」銓張目視母面，淚方縱橫落，銓亦泣。少間，復令讀；雞鳴，臥焉。

　　這種母子相依為命、刻苦夜讀的場景真是感人肺腑！鐘令嘉那種摯誠的母愛，以及育兒時所表現出來的殫精竭慮、嘔心瀝血的精神，讀之讓人難以忘懷。文章感情真摯，筆調細膩，是蔣士銓散文的名篇之一。

　　《歸舟安穩圖記》作於乾隆二十八年（1763），也是一篇題畫記體裁的散文名篇。文章的寫作背景是：「當是時，士銓名震京師，名公卿爭以識面為快，有顯宦某欲羅致之。士銓意不屑，自以方柄入圓，恐不合，且得禍；鐘太安人亦不樂俯仰黃塵中，遂奉以南旋，繪《歸舟安穩圖》。」作者在文中表達了一種擺脫宦海風波後的恬適心情。文中寫道：

圖曰歸舟，志去也；曰安穩，風水寧也。居士有母、有
　婦、有三子，生理全也。舟中有琴書、有酒樽茶灶、有僮婢
　雞犬，自奉粗足也。岸樹有花，春波淡蕩，遊鱗不驚，汀鷗
　相戲，生趣恰而機心忘也。慈顏和悅，坐中央者，太安人
　也……執卷敧坐，臨流若有所思者，居士也。

　　蔣士銓精心構思的《歸舟安穩圖》，展現了平和恬適的情趣
和充滿自然生機的畫面，描述了脫離宦海風波後的恬適心情，表
達了辭官歸隱的決心，是一篇富有詩情畫意的優美散文。
　　就藝術特徵而言，《鳴機夜課圖記》和《歸舟安穩圖記》的
共同之處在於用筆細膩傳神，追求詩情畫意的藝術效果。從文章
風格來說，則模仿歐陽脩之跡宛然可辨。其中《鳴機夜課圖記》
與《瀧岡阡表》較為相似，而《歸舟安穩圖記》則與《醉翁亭記》
有異曲同工之妙。也許正因為看到了兩者的相似之處，所以廖炳
奎才敢在《忠雅堂古文跋》中大膽斷言：「繼廬陵而起者，舍先
生其誰與歸！」

四、書札

　　蔣士銓作的書札，大多為熱心公益，或為造福桑梓著想。作
者不以「越事言事」為嫌，屢次向當道者進言。他曾在《再貽觀
察書》中說：「某局外迂生，何關痾癢，猥以食越人之粟已五年
矣，則視越人如一家焉」。在蔣士銓為蕭山富家池海防事時，他
不僅直接言於浙撫，而且兩次致書寧紹台道藩蘭穀觀察，又「細
為諮訪」，力陳建堤修閘的利弊。紹興城河中舟船阻塞，「失時

費事，民間病之」，為此蔣士銓致書紹興太守，並提出切實可行的建議。在蔣士銓的文集中這類事件多得不可甚數，這類書札，多是從事實出發，剖析利害，指陳得失，說理充分周密。而辭氣委婉，頗具說服力。

蔣士銓另一類散文是墓誌銘和祭文，其中大多是蔣士銓因親友的物故而引發的身世之感，像《女孫阿寶、阿鶯、阿賓壙志》、《祭外祖滋生公暨妣李孺人文》，以及《乙未三月為先太安人受弔前期告詞》等篇，都從不同側面抒發了對至親骨肉的深切懷念和悲痛之情，低回往復，感人至深，誠所謂「聲淚俱下，蓋發於至情至性，不自知其泣鬼神而啁金石」（廖炳奎《忠雅堂文集跋》）。此類祭文以其感人之處而具有較高的藝術價值。

人們對蔣士銓的散文歷來評論較少。這主要是由於他詩歌與戲曲創作的成就更大，較多地吸引了人們的注意力，以至於使不少文學史家沒有對其散文作品給以應有的關注。其實蔣士銓的散文同樣是成就不凡而卓然成家的。廖炳奎在《忠雅堂古文跋》中就說過：「若行以勁氣，出以深情，而又雅正有法，不能不為先生首屈一指。」張舜徽先生也認為《忠雅堂文集》：「以傳志、碑表、書事之作為最多而較精。敘述懿行，哀悱動人，蓋寓有闡幽之意云。」深情、真摯是蔣士銓散文創作的靈魂，這與他在戲曲創作成就斐然是共通的。

第四節 ▶ 曾燠與樂鈞

當清代駢文中興時，江西也還有其他一些作者，如陳方海

等，亦喜作駢文，但成就已不能與曾燠、樂鈞相比。

一、曾燠

曾燠（1759-1831），字庶蕃，號賓穀，晚號西溪漁隱，南城縣人。乾隆四十四年（1781）進士，改庶起士，授戶部主事，累官至兩淮鹽運使、湖南（北）按察使、廣東布政使、貴州巡撫。任兩淮鹽運使時辟題襟館於揚州，與賓從賦詩為樂，成為文壇盛事。曾燠工於詩文，是清代著名詩人、駢文名家，亦工書畫。曾燠尤工駢文，與邵齊燾、吳錫麒、洪亮吉、劉星煒、袁枚、孫星衍、孔廣森齊名，並稱「國朝駢文八大家」，有《駢體文》二卷，又編有《國朝駢體正宗》。

曾燠認為：「古文喪真，反遜駢體，駢體脫俗，即是古文。跡似兩歧，道當一貫。」他的駢文創作也寫得磊落風雅，「詞必澤於經史，體必准乎古初」，「體正而指深」，「擅六朝初唐之勝」。所作駢文名篇，清人吳鼐編入《八家四六文鈔》，被目為絕「俗調」、別「偽體」之規範。吳鼐所編《國朝八家四六文鈔》中選曾燠駢文十五篇，其中《重修曾襄潛公碑文》和《桐鄉張氏講筵四世詩鈔序》被吳鼐譽為「掣鯨魚於碧海，思力無兩」之作。

《重修曾襄潛公碑文》極力為曾銑鳴冤，肯定曾銑規劃收復被俺答占領的河套地區不是「開邊生事」，而是「復祖宗百年之土疆，息秦晉三邊之烽火」的正義事業。「今取公前後奏疏而觀之，修築邊牆，則周宣之城朔方也；預備芻餉，則《費誓》之峙糧糧也；選練士卒，乃仲淹之閱州兵；兼備舟車，乃王浚之營樓

艦。」文章充分肯定了曾銑總督三邊軍務時的所作所為都符合古
聖先賢名將之法，對於嘉靖皇帝朝令夕改，前後反覆，出爾反
爾，自壞長城，給俺答以可乘之機，給國家造成嚴重損失還諉過
於人的醜惡表現予以有力的批判；對於奸相嚴嵩挾私廢公、黨同
伐異，以莫須有的罪名致曾銑於死地的險惡用心也予以無情的揭
露。全文駢散不拘，實乃以散文之氣，運駢儷之體，一字一句，
皆有千鈞筆力，使人讀後對於他的分析和結論毫不懷疑。

　　《桐鄉張氏講筵四世詩鈔序》大量用典，以說明「講筵」一
職向來由德高望重、才學兼優的老師碩儒擔任，而溯稽前代，歷
覽載籍，父子或兄弟連任此職者極為少見，然後才說到本朝歷代
相傳重視人文教化，「遂有一姓之才，蔚為三朝之瑞，如桐城張
氏四世十人為講官，誠往古未有之盛事也」，再往下去才敘為他
們的詩集作序的過程。層層推進，漸入主題，用典雖多而切於事
情，文氣貫通，的確「思力無兩」。另外，《銅鼓山賦》旨在憑
弔武侯之功業，文辭雄豪，氣格高古。曾燠也有些「戲翡翠於蘭
苕，觸手生姿」的作品，如《聽秋軒詩序》為江蘇才女駱綺蘭詩
集作序，既交代她取「聽秋軒」為書齋及詩集名稱的由來，又對
她守寡課女的悲劇命運表示同情，然後通過眾多歷代才女的典故
來稱讚她的傑出才華，概括她的詩歌風格，寫得華美簡約而情味
悠長。

　　曾燠輯的《國朝駢體正宗》十二卷，按作家編次，以六朝之
作為駢文「極則」，於六朝之中又特別推崇徐陵、庾信、任昉、
沈約。所選文章，不無偏好，但嘉慶以前駢文作家書中選擇略
備，且重要作家、作品入選較多，能分別主次，選文基本上精當

有代表性，不失為一部比較完備、精要的清代駢文選本。

二、樂鈞

樂鈞（1766-1814），本名宮譜，字元淑，號蓮裳，臨川人。幼穎異，甫成童，詩古文詞已裒然成集。乾隆五十四年（1789）拔貢，嘉慶六年（1801）中舉，此後屢試不第。先後旅食江淮楚粵間，東南諸大府爭相延致，曾主揚州梅花書院講席。盧見曾、曾燠先後官揚州，座中多風雅之士，「鈞才華豐豔，執騷壇牛耳者幾十年，大江南北知名之士罔不心折」。曾燠《青芝山館全集序》云：「君載臨川之筆，觀廣陵之濤，寓餘題襟館中，常淹歲暑。傾其舊作，已到古人；授簡新篇，輒驚儕輩……神采煥發，煙墨橫飛；草樹開鮮，江山壯氣。」著有《青芝山館全集》。

樂鈞一生失意，是典型的失職貧士。乾隆五十四年（1789），樂鈞由學使翁方綱薦入北京國子監，為怡親王館西席，名氣大振。據《王芑孫序》所載：「蓮裳早入京師，稱與京師也久。」《彭兆蓀序》稱：「舉江西鄉試，才名溢人口。」樂鈞少年即有名氣，也胸懷大志。據《重刻耳食錄序》載，樂鈞曾在年少輕狂的時候發出豪言：「考信必本於六經，著書要歸於有用。《上林》《子虛》之賦，導十而懲一，君子弗尚也，況其下焉者乎？」雖然當時已是赫赫有名的臨川才子，但在仕途上卻始終不得志。《聽松廬山文鈔》則曰：「既登賢書，屢試不第。」數次考進士都未果，一生始終未入仕途，四十歲後仍為一幕賓。據《彭兆蓀序》：「元淑性不善治生，又恥以生事累朋舊，以是名益高、交益廣，而境乃益困，困則一以詩酒自解，往往夜漏及四下則獨

飲，飲已，復握管以寫其高抗堙鬱之氣，如是者數年，而元淑疾矣。」《聽松廬文鈔》「棄筆江湖，為諸侯客，鬱鬱不得志，竟佗傺而終。」所以才有「世以才子目蓮裳，而蓮裳之心愈傷矣。」樂鈞的經歷坎坷與才華的出眾形成了不平衡，正如《彭兆蓀序》和《王芑孫序》所載：

> 「元淑狷狹孤潔，氣岸嚴冷，矜慎片言，而凜取一介，視脂韋淟涊事，嫉之若讎。惟殫精畢慮於詩古文詞，務追古不傳之隱，于高邈深遠、幽邃曠邈之區，若愚公之移山，夸父之逐日，不瘁其力不止。」（《彭兆蓀序》）

> 「有言之所及，有言之所不及，言之所及而有其所不言者存焉，言之所不及而有其所欲言者出焉。詩之教固如是，其溫柔敦厚也，顧或謂發憤所作，發憤者溫柔敦厚之作而致其極者也。審是得吾友臨川樂蓮裳而有所伸吾說於天下。」（《王芑孫序》）

樂鈞是清代駢文「後八家」之一，是一位能規範而靈活地駕馭駢文的作家。樂鈞以駢文寫作各種題材，如議論事理之作《廣儉不至說》，寫得縱橫捭闔；述平生經歷之作《白雲寺讀書記》、《嘉蓮賦》，寫得清新自然；抒思鄉之情的《憶梅賦》表達自己客居朔北時懷念故鄉梅花，別有所寄，不欲明言，而「願為淨土，為之培根；願為微風，為子解顏；願為明月，照子嬋娟；願為遊絲，與子纏綿」，情感豐富細膩，感人至深。還有寫人之作，如《味雪樓賦》和《重修朝雲墓碑》；記事記遊之作，如《悼

桃樹賦》《同胡果泉觀察遊羅浮華首台序》。

樂鈞的駢文大都寫得綺麗秀婉，文采飛揚。如《重修朝雲墓碑》尤其真誠貫注，情韻動人。文章並不敘述重修朝雲墓的過程，也不大肆鋪寫修繕後的景象，而是重點放在追懷這位對蘇軾「貞情獨摯」，至死不移，毅然與蘇軾共同承受遠謫蠻荒之苦的優秀女性身上，對她忠於所愛的獻身精神表示了無限的敬佩，對她客死惠州、葬骨他鄉，「憶母則錢塘潮高，望夫則釣台鄉遠」的不幸傾注了深厚的同情，一往情深，令人讀來感動不已，用典多而貼切，內容豐富而蘊藉。如文章開頭述說為朝雲撰文鐫石、修墓立碑的充足理由：「紫蘭香徑，佳人葬骨之鄉；青草平原，詞客招魂之地。是以太原博士，制西子之挽歌；同州使君，補清娛之墓誌。況復解禪天女，曾侍摩詰；投遠孤臣，獨攜通德，釵分颶海，粉墮蠻煙，如東坡先生侍妾朝雲者乎？」理足詞暢，一氣呵成，每個典故用得都很妥帖，成為說理、抒情的有力幫助。

樂鈞的作品中也不乏清新流利、直抒胸臆之作。如《白雲寺讀書記》記敘作者青年時代在東鄉白雲寺讀書的見聞，亦極少用典。寫白雲寺的由來及其風光景色，寫山中讀書經歷及其閒適情趣，表現其淡泊世情、超塵脫俗的思想，皆以白描手法款款道來，使人有可見可及之感。又如《孫女禮貞哀辭》：

　　「余孫女禮貞，生於故里，提攜來吳，遘疾殤折，買地瘞之，在葑門內南園楊王朝之側。其殤也，當嘉慶之戊辰七月廿二日，瘞以次日。計其生，凡二十有四月。嗚呼！齒埒澤蘭，惠同金瓠。感吳市舞鶴之痛，無河陽歸骨之期，深可

哀也！乃為辭曰：『嗚呼哀哉！身播稚齡，骨銷客土。故鬼
無親，煢魂罔主。珠輝未揚，蘭秀乍吐。慧聯縈腸，靈倪切
腑。閶閤舊城，錢王廢圃。煙白草深，松稀月苦。辭兩親
懷，往宅茲所。何有之鄉，無念兩祖。嗚呼哀哉！」

　　該文寫於孫女禮貞兩歲夭折之事。樂鈞一生經歷辛酸坎坷，
不僅科舉之路不平坦，家庭屢遭變故。特別是親人接二連三地離
去，讓樂鈞心理飽受打擊。他在文章中把這份悲慟宣洩，人讀之
無不為之動容。

　　然而寫得最多的，還是應邀為友朋所著詩文集寫作的序言。
樂鈞近三十年的幕僚生活讓他接觸了大量的文人，再加上他是有
名的臨川才子，因此好多作家請他寫序，藉以增加著作的份量。
從其《青芝山館集》中我們發現他為他人寫的序有十六種：《重
刻揚太真外傳後序》、《座主陳夢湖先生曆陽典錄序》、《廉鎮吳
雲繡先生榮性堂詩集序》、《金手山三李堂詩集序》、《吳退庵菜
香書屋詩草序》、《賞雨茆屋詩集序》、《郭頻伽邗上雲萍續集
序》、《墨波堂詩集序》、《宗室輔國公思元主人詩集序》、《中鋪
堂詞序》、《擇堪錄序》、《酒人觴政序》、《宮侏百菊溪制府平海
投贈集後序》、《江西縠布衣紅術軒山水篆冊後序》、《江鄭堂詩
序》、《香遠樓賞雨序》。樂鈞的駢文比較注重對仗，句式的變化
也主要是在對仗之中，如以四六為主而偶出以八字對仗之句，有
時也運用散句，既整齊鏗鏘，又顯參差錯落。

　　總體而言，清代江西文學中江西古文較詩歌和詞而言成就顯
著，但整個江西文學基本呈現出較強的正統性和封閉性，散文也

不例外。清代在文化的高壓下，漢族文人儘管潛心於學問，但是文學的創作並沒有停止。一部分文人，對封建禮教、科舉乃至整個封建制度作出解剖，出現了一系列的優秀成果。在中國小說中點亮了一盞啟明星。遺憾的是，江西文人沒有跟上這種潮流，他們仍然用傳統的文學方式創作，表達著傳統人文的那份氣概和骨氣。江西文人的保守束縛了江西文學的發展。在西方文化源源不斷湧進，為沿海許多地方大換血的時期，江西驟然間被冷落了。江西士子們沒能跳出內在的和外在的局限，最終在封閉中落後。古文這種歷史悠久的文體，隨著封建的尾聲終究難以唱出響亮的歌喉。「夕陽為無限好，只是近黃昏」，夕陽再美，也終歸是近黃昏了。

第六篇——

近代江西古文

緒論

近代江西散文無論是作家數量還是作品數量，總體上不及前代，也沒有形成作家群體，但在這些為數不多的作家中還是不乏成就斐然者。大致講來，主要有黃爵滋、高心夔、陳三立、陳熾、黃為基，其次還有徐湘潭、尚鎔、劉繹、楊士達、魏元曠、劉孚京等。近代江西作家的古文創作成就不一，各有千秋，陳三立是此時期古文創作的佼佼者。

陳三立的散文與桐城派有著直接的淵源和繼承關係。徐一士《一士類稿》「談陳三立」中說：「其文亦清醇雅健，格嚴氣遒，頗守桐城派之戒律，而能自抒所得，弗為桐城派所囿，蔚成散原之文。」宋慈抱《陳三立傳》云：「文亦蘊藉雅正，近桐城而不為桐城所域，工者似范曄《後漢》傳贊，公卿刻石墓誌，往往以金帛購之。」吳宗慈《廬山志‧歷代詩存‧陳三立識語》謂：「先生之文，金石銘志，早已光燭四裔，其不拘拘於桐城，亦正如其詩之不可囿於雙井也。」陳柱則說：「其最篤守桐城義法者，則有馬其昶、姚永概、永樸與陳三立等。」這些都說明陳三立散文宗法桐城的事實早已為人注意。陳三立在為同年好友南豐劉孚京所撰序《劉鎬仲文集序》中對自己創作的這種淵源也寫道：

> 余少年名習為文章，君亦與余類，為之愈專且勤，所治書淫於周秦漢諸子雜家，所為文亦本之，不闌入唐以還體勢及宗派諸說，與余頗持同異，互標舉掎摭為噱樂。時君以主事廁刑部，俸入微，頗假士大夫責文弔賀，受金贍乏絕。

一日，觀君屬草稿，意寒產良苦，乃取筐中有所謂《續古文辭類纂》者，涸君幾案，謾語以「且讀且效為之，惡有日括劉子政、班孟堅，賤易鹽米至此乎？」未幾，余去都，君以書告曰：「用公言，吾所賣文果易就，然累吾文益即卑近者，公也。」

文中提到的《續古文辭類纂》為王先謙編，其中多為方苞、姚鼐、梅曾亮、曾國藩之作。陳三立置之筐中，不難看出其對該書的偏好，且用之勸其至友，可見他自己信服「桐城」諸老，可以說陳三立所處的特定時代背景及桐城派在清代文壇的正宗地位，直接影響到他對效法桐城派。但是中年以後，經歷了世事滄桑、風雲巨變，陳三立的性情和文章都有所變化。陳三立創作的師承淵源，也有人認為主要源自江西本土的人文滋養，《星盧筆記》寫道：「梁璧園煥奎謂伯嚴詩文初無宗主，中年文擬盧陵，詩宗山谷，其原皆出江西」了，就認為陳三立散文創作學歐陽脩，詩歌學黃庭堅。

近代江西古文其他作家中，出現了個性突出、成就頗顯的「二黃」，即黃爵滋和黃遠生。黃爵滋是個難得的雄才大略之士，與龔自珍、魏源等提倡經世致用之學，他的散文很好地體現了經世致用的特點。黃爵滋的散文以政論文見長，具有強烈的思辨性和嚴密的邏輯性。黃遠生則是「中國第一個真正現代意義上的記者」，作為「能想」、「能奔走」、「能聽」、「能寫」的「四能」的記者，黃遠生主要寫新聞通訊，對民國初年政局的黑暗和新官僚們的醜態，作了忠實的記錄和辛辣的嘲諷，文字流利、暢達、

幽默，深受讀者歡迎。除了紀實外，他的散文也有很強的文學性，還頗具諷刺意味，如《外交部的廚子》、《楊士琦：電影中之交通總長》等。近代江西古文作家中，陳熾也是一位極為特殊的作家，他深研經濟學，主張學習西方以求自強。陳熾的散文主要是政論文，以新的理念、新的意境，形成自己散文質樸、明白、曉暢、透徹的新文風，陳熾的古文創作融入了很強的現代色彩。從上可知，近代江西古文作家均具有一定的革新意識，散文的創作多旨在揭露社會弊病，提出新變主張，古文創作中逐步融入民主、科學等新思想。

第一章

陳三立的古文創作

第一節 ▶ 雜記文和讀書札記

陳三立（1853-1937），晚清維新派大臣陳寶箴之子，字伯嚴，號散原，修水縣人。光緒十五年（西元 1889 年）舉進士，官至吏部主事。二十一年（1895），陳寶箴詔授湖南巡撫，陳三立赴湖南輔父政。戊戌政變後，以「招引奸邪」的罪名與其父一同革職，永不敘用。二十六年（1900 年），父親陳寶箴瘁死。此後，他轉而信奉佛學。辛亥革命以後，僅與文化名流交往。一九三七年蘆溝橋事變之後，堅守民族氣節，拒不充當漢奸。「倭陷北平，欲招致先生，遊說百端皆不許。……因發憤不食五日死。」（吳宗慈《陳三立傳略》）。著有《散原精舍詩集》、《續集》、《別集》、《散原精舍文集》。

陳三立出身於封建士大夫家庭，自幼年就受到傳統思想的薰陶，這也潛移默化地影響著其文學創作，而家學淵源使其散文創作有根底，也是促使其成為古文大家不可或缺的重要因素。父親陳寶箴是一個文章頗有根底，並能得到當時人的肯定和讚賞的古文家，影響著陳三立。正如沃丘仲子《現代名人小傳·陳三立》所云：「寶箴志節清挺，以好談經濟，有葉水心、陳同甫之風。

三立既秉家學，少掇高科，志在用世。」陳三立的散文，從體裁來看，主要有書感、序跋、行狀、祭文、誄贊、墓誌銘、傳記、雜記、書札等。從內容來分，大體可分為讀書札記、序跋評語、人物傳記、雜記四類。雜記文在其文集中占有一定的比重，僅次於墓誌文和序跋評語類。根據其內容和特點大體可分為記物類和人事雜記。

陳三立記物類散文主要是為某些建築物如亭台、祠堂等，或圖畫而撰寫的，或觀覽某景點而作，如《代李知縣湘鄉樂舞局記》、《嵪廬記》、《南昌東湖六忠祠記》、《西溪圖記》、《王家坡聽瀑亭記》等。人事雜記主要是以記人敘事為內容的散文，一般依據一事情而發表議論，相當於小品文，如《雜說》五篇等。記物類大致可分為：第一，為建築物而作的雜記文；第二，為圖畫所作的雜記文；第三，山水遊記性的雜記文。記建築的雜記文主要對某建築物的由來、修葺過程、歷史沿革進行介紹，常常還發表作者的感慨。如《代李知縣湘鄉樂舞局記》，全文重點敘述作記的由來，樂舞的歷史，以及樂舞與治世的關係等，對樂舞局的特徵只在文章最後用一句話來描述。該記以議論為主，闡述了樂舞的發展軌跡和湘鄉樂舞記設立的經過，提出「故世亂則務於爭戰，世治則相為詠歌，蓋所遭之時然也」的論斷。文末引用《論語》中的「泰伯」、「陽貨」篇，重申樂舞的必要性和重要性：

夫聲音以養其耳，采色以養其目，歌詠舞蹈以養其性情，而動盪其血脈。於以習其器而知其德潔，治其身心以備家國無窮之用。恍然如聖人之堂而被其教，以彌世禍，而動

賢人君子憂患之思也。

又如《菱溪精舍記》，該文對學校的流變予以勾畫，說明了學校的重要性，並舉友人黃修原興族學之例，表彰其創舉，文末交代了作記的緣由和目的。文章還可見陳三立對人才、風俗以及天下興亡的關係的認識：

　　天下之變既亟矣，人材窳下、風俗之流失，寖以益甚，察其所由，自一人一家子弟之失職始也。天下之族，令皆如黃氏，有以善其教，納子弟於軌物，以底於成。上者道濟天下，智周萬物，輔世長民，經緯大業；次者澤躬爾雅，忠信務本，不失為良士。造俊茂之材，成純懿之俗，維理亂之數，遏禍敗之萌。天人之運未熄，而三代之猶有可復，其不可驗諸此與？

陳三立認為風俗流失，人材敗壞，均是人為所致，強調人是天下興亡的根本要素。而人才之培養依賴於教育，所以號召大家學習黃氏辦族學之舉，可見陳三立對人才和教育的重視。

記圖畫的雜記文重點介紹圖記的經過和緣由，文章末尾仍發表作者的感慨。如《南湖壽母圖記》：

　　蓋天之於人，雖若懸運會以納一世，而其沕穆大順之氣，潛與通流，莫可閼遏，必曲拓餘地，導善者機藏其用，以滋息人道而延太和淳德於一心，呼吸之感，福祥之應，環

引無極，亦終自伸於萬類，不為所擾困而獲其賜。

更具文學藝術性和可讀性的是記山水的雜記文，如《樟亭記》、《非園記》、《花徑景白亭記》、《王家坡聽瀑亭記》等。主要以山川風物為描寫對象，或記敘遊覽經過，或著眼對景物刻畫。此類散文中尤其值得一提的是《嘯廬記》，文章開頭對嘯廬地理位置和名字由來進行介紹：

> 西山負江西省治，障江而峙，橫亙二三百里，東南接奉新、高安諸山，北盡於彭蠡，其最高峰曰蕭壇，下紛羅諸峰，隆伏綿綴，止為青山之原，吾母墓在焉。墓旁築屋前後各三楹，雜屋若干楹，施樓其上為遊廊，與母墓相望。取青山字相並屬之義，名「嘯廬」。

敘寫簡潔而有條理。接著由廬寫及廬與父親的關係，其中有對其父為政的敘述：

> 初吾父為湖南巡撫，痛窶敗，無以為國，方深觀三代教育理人之原，頗采泰西富強所已效相表裡者，仿行其法。會天子慨然更化，力新政，吾父圖之益自憙，竟用此得罪，免歸南昌，因得卜葬其地。

緊接著是對嘯廬景色的描寫，生動形象，嘯廬已非一般之廬，「而嘯廬者，蓋遂永永為不肖子煩冤茹憾、呼天泣血之所

矣。」文中描寫道：

> 慘然滿目，淒然滿聽，長號而下。已而沉冥以思，今天下禍變既大矣，烈矣，海國兵猶據京師，兩宮久蒙塵，九州四萬萬之人民皆危懾莫必其命，益慟。彼轉幸吾父之無所睹聞於茲世者也。

據黃濬《花隨人聖庵摭憶》「陳散原《崝廬記》」條載，該文作於庚子，即一九〇〇年。當時陳寶箴已去世，而該年中國正遭遇著八國聯軍的侵略，家國之痛交織在一起，作者感情之激越，傾瀉而出：

> 嘗登樓跡吾父坐臥憑眺處，聳而向者，山邪；演迤而逝者，陂邪？疇邪？繚而幻者，煙雲邪；草樹之深以蔚邪？牛之眠者邪？犬之吠、雞之鳴、鵲鴝群稚之噪而啄呴而飛邪？

文中連續用七個「邪」作反問，用排比句式表達其痛苦感受和抑鬱情懷，寫景亦寫人，人景一體，幽然寂寥之景與孤獨抑鬱之人，構成一幅淒然悲鬱的生活情境。崝廬在陳三立心中有特殊意義，誠如黃濬所云：「《散原精舍詩》崝廬之作，歌哭萬端，皆特佳。」

陳三立另有五篇雜記，名都為《雜說》，但內容上各有側重。《雜說》（一）論述了治人與治法的關係，闡明「世之恒言曰：有治人，無治法。陳三立則曰：「有治法，無治人。」《雜說》

（二）用比喻對比的手法說明弊法的危害，體現了陳三立改革弊法，體恤民情，關心時政的思想。《雜說》（三）記西山豺狼食人之事，眾人態度不一，卻都高高掛起。族人畏豺狼，鄰人以為那是他人之子，里正認為非其職事，老儒以為豺乃神獸，吃人乃神意，不可殺害。作者對這種事不關己，疏忽職守，迂腐愚昧的做法予以批評和嘲諷。該文有很深的寓意。陳柱評曰「其文寓意深刻，吾每讀之，不知涕之無從也。有國者可不知所戒乎？」《雜說》（四）寫一雇工不敢為主人驅逐盜賊，而只知為主人掘鼠捕虱，做表面工作。其寓意顯然，即對當朝為政者改革的膚淺和對外界入侵的敷衍有所折射。《雜說》（五）批評當時社會存在的陋習和愚蠢行為。這些雜說雖然僅為雜文，卻顯現出陳三立政治上的觀點立場。沒有說教言道的痕跡，有的卻是簡潔而流暢的描述，沒有人為之跡，有的卻是作者的真情實感、愛恨分明。

陳三立還有一類讀書札記，主要是對先秦諸子和《史記》的評論，共十篇。它們是：《讀〈荀子〉五首》、《讀〈論語〉四首》、《讀〈列子〉》、《讀〈墨子〉》、《讀〈管子〉》、《讀〈韓非子〉二首》、《讀〈鬼穀子〉》、《書〈史記〉〈禮書〉〈樂書〉後》、《書〈史記屈原賈生列傳〉後》等。陳三立此類散文大都先以片言立論，提出問題和疑義，接著援引事例和實證，古今縱橫對比，不泥古，梳理和論述其淵源，在準確概述和肯定古人成就的同時，又有突破創見和新意。

陳三立在古文創作中汲取眾長形成自己的風格，他讀諸子札記較好地體現了這點。讀諸子札記儘管只有七篇，在行文論述過程中卻兼及了眾家，以達到立論充分的目的。如《讀〈荀子〉五

首》中，開篇即是荀子和孟子的比較，包括主張、傾向、宗旨等對比，「孟子書善言性道之要，為古道家之餘，荀子書詳於法制節奏等威體國經野，儒家之統會。」最後在荀孟的對比中得出：「是荀子之學與孟子異，而實頗原於告子……稽於孔子之言性，而孟荀二子之說，可得其通也。」又如《讀〈列子〉》，開頭便是列子與莊子的比較：「吾讀《列子》，態睢誕肆過莊周，然其辭雋。其於義也狹，非《莊子》倫比。」同樣，《讀〈墨子〉》中也把孔墨比較：「墨子蓋睹有國者淫侈用殉之酷，不勝憤嫉，欲以除易其弊，此與孔子棺欲速朽，為桓司馬言之，奚以異乎？孔子則為之原，於墨子則因以甚其罪，殆未見其可也。」指出了孔墨有相同之處。接著又對比墨孟，「故孟子言仁義以塞天下之利，墨子言兼愛以矯天下之自私，其趣一也。」他認為孟墨雖然主張不一，然殊途同歸，旨趣相通。在論述過程中旁徵博引是陳三立散文的典型風格。

先秦諸子誕生在二○○○多年以前，對先秦諸子的研究也已經有二○○○多年了，前人的成果很豐富，資料亦繁多，見解也不乏深刻者。然陳三立卻能不拘囿於前輩的觀點，提出自己獨到的見解，這源於他那海納百川的胸襟。他自己說：「君子之於道也，涵納淳亂，博綜萬類，取濟吾心之用已矣。」他在《讀〈鬼谷子〉》中云：

　　《鬼谷子》始列於《隋志》，書凡十二篇，亡〈轉丸〉、〈胠亂〉二篇，益〈陰符〉七篇。自《戰國策》、太史公載蘇秦有揣摩之語，今書乃有〈揣篇〉、〈摩篇〉，後人所依附

無疑也。柳宗元稱《鬼谷子》險鷙峭薄，恐其妄言亂世，難信。然吾觀其書，時刺機要差，益人神智，愈於他淺妄者所托。君子之於道也，涵納渟泓，博綜萬類，取濟吾心之用已矣。《鬼谷子》要善得之，稽異情，解世難，亦所不可廢。

柳宗元認為《鬼谷子》險鷙峭薄，難以置信，但是陳三立卻對《鬼谷子》的價值予以肯定，「時刺機要」、「稽異情，解世難」。《讀〈管子〉》一文針對世人認為管子改變了周官制度，他加以否定澄清，「《管子》於漢初最為顯學，賈、晁所習，司馬遷所見，亦悉莫能原其師說，非可惜哉！或謂管子始變周官之舊，王道蹶，霸術興矣。曰：非管子之為之也。成周之初，禮制未定，而太公與周公並封，立國子民，各有制度，不必皆秉周禮。」最後指出：「故孔子，述周公者也；管子者，續太公者也。世多疑管子用霸易王，莫原其終始，故綴而論之。」將管子和孔子並論，不囿於俗見，頗具新意。讀諸子札記中，陳三立能夠準確地闡明諸子之本意，並探尋其源流及發展軌跡，肯定其價值，同時又敢於質疑前人之論，大膽提出自己的假設和論點，有其獨特的見解和體認，不人云亦云，也不囿於前人，敢於立論，富有創新，這得益於陳三立胸襟和他治理理念及治學態度。正如《讀〈荀子〉五首》其三云：「明四目，達四聰，王治之綱宗也。然無稽之言勿聽，弗詢之謀勿庸，聽之庸之，國之敝也滋甚。」陳三立強調調查和廣泛徵求意見的重要性的治理思想，更強調「君子之於道也，涵渟納泓，博綜萬類，取濟吾心之用已矣」，海納百川，博採眾長的胸襟。

第二節 ▶ 序跋類

　　序跋評語類是陳三立散文中一個重要類別，集中體現了陳三立的文學觀和文學史觀，大體包括為文集、詩集、叢書所作，送序和壽序為一類，評語為一類。這類散文內容豐富，都具有很強的學術價值和思想價值，具體如下：

　　首先，體現陳三立學術思想。陳三立的序跋文表達了其對古代文獻的看法，反映了陳三立的學術思想，如《老子注敘》、《船山師友錄敘》。《老子注敘》是陳三立此類散文唯一一篇為自己文章所寫的序，該文有其獨到的認識。文中由孔老之比較上升至儒道的比較，準確概括其異同，「儒與道不相兼，道家言道，儒家言禮。……孔子周流以明用，老子養晦以觀變，其志一也。故老子明其原而孔子持其流，老子質言之以牖當時，孔子則修其辭以訓後世。」孔子向老聃問禮，前人早有此說。但是孔子學說與老子學說具有傳承關係，倒是陳三立的獨見，足見其膽識。前人對老子的學說多冠以無為消極的色彩，儘管也有認為老子的無為是另樣的有為，但是只是認為老子是消極的有為。陳三立在這篇文中對老子寄寓了深深的理解：「老子雖專言道，以自然為宗，而讀其辭，儼乎其若畏，栗栗乎殆而不安。傳曰：作《易》者其有憂患乎？老子蓋睹週末之弊，道散禮崩，政俗流亡，莫知其終，於是發憤矯厲，寓之於言，刮磨人心，以冀其瘳。」以為《老子》是「憂患」之書，這種觀點充分肯定老子具有積極的意義，給人耳目一新之感。這種認識在《書韓退之〈柳子厚墓誌銘〉後》中也有體現：

悲哉！老子之言「不為禍始，不為福先」，而曰「不敢
為天下先也」，不獨明天人消息之故有然也，蓋亦熟於衰世
情偽生人所怗，於苟且敝靡陋簡之天性習俗，憂患觀變，痛
言以戒輕患犯之者。……史遷之傳老子，慕之曰：老子深遠
矣。嗚呼！天下萬世之運會人材安怪一趨於老子，且欲守其
所謂「老死不相往來」者哉！

陳三立一方面是對老子及其思想的肯定，認為老子有著深深
的憂患意識和韜光養晦之精神，有其難得的價值，老子不是安於
現狀的無所作為，實際上是無所為卻有所為。陳三立更希望能從
老子身上汲取有用養分，為當世所用，這與陳三立所處的時代和
經歷所賦予的契機有關。很好地體現陳三立獨特見識的文章還有
《船山師友錄敘》，序中陳三立清晰地勾勒了儒學發展的軌跡：

敘曰：周衰，七十子之徒既歿，道術壞散。戰國之際，
縱橫怪迂之變益紛然淆亂，莫可統一。漢興，表章六藝，儒
生朋興，掇拾大誼。越千年而有宋巨儒出，益究其說，道寢
彰顯矣。其後頗複昏亂，寖失其真，元明以降，代承其弊。
國家肇基，黃氏、顧氏之倫，乃倡言復古，綜覽百代，廓絕
流冗，厥風大醇。然其所明，典章、文獻、製作、道法之跡
而已，而大道之要、微言之統，未暇明也。於時衡陽船山王
先生，並世遺老，抗其孤敻卓犖之心，上契聖典，旁包百
氏，蒙者發之，滯者通之，天人之蘊，教化之紀，次第昭
列，自孟、荀、朱子以來，道術之備，於斯為盛。顧其書久

而後顯，越二百有餘歲，鄉人湘陰郭侍郎嵩燾始尊信而篤好之，以為斯文之傳，莫大乎是。而吾友羅君正鈞亦承侍郎之風，勤一世以盡心於先生之書者也。始補輯年譜若干卷，今復輯先生交遊終始所關為《師友錄》，凡十有七卷。維夫師儒之守炳於周代，《莊》、《荀》、《韓非》、《呂覽》於老、墨之徒類載其傳，述淵源，使可識別。史遷《仲尼弟子列傳》益復燦然。漢世經生尤重師法，《儒林傳》授受所出，咸具首尾。厥後群輔錄、別傳、淵源錄、學案之等，派別滋繁，不可殫記。是錄所托，略依其義，而頗相出入。其用力之勤，有過人者。

序中簡明扼要地再現了儒學的傳承關係，對幾千年的儒學傳承薪火不斷進行了梳理。作者的重點不是古代，而更多的關注近人、今人的努力，充分肯定當代人秉承先儒遺風所作的努力，流露出薪火相傳之喜，一定程度上體現了陳三立對儒家思想的情感。

其次，體現陳三立的政治思想。在陳三立的詩文集中，我們也可以窺見其政治思想。如《庸庵尚書奏議序》：

竊謂國家興廢存亡之數，有其漸焉，非一朝夕之故也。有其幾焉，謹而持之，審慎而操縱之，猶可轉危而為安，銷禍萌而維國是也。吾國自光緒甲午之戰畢，始稍言變法，當時昧於天下之大勢，恃其私臆激蕩馳驟，愛憎反覆，迄於無效，且召大釁，窮無復之。遂益採醫陵之說，用矯誣之術，

以塗飾海內外耳目。於人才風俗之本，先後緩急之程，一不關其慮。而節鉞重臣、號為負時望預國聞者，亦復奮舌摩掌，揚其瀾而張其焰，曲徇下上狂逞之人心，魁然以自異。於是人紀之防墮，滔天之象成，而大命隨之矣。是故今日禍變之極，肇端雖不一轍，而由於高位厚祿士大夫不遏其漸，不審其幾，揣摩求合，無特立之節，蓋十而六七也。豈不痛哉？

　　儘管陳三立未嘗一日居官，文集中並也無奏議或公牘之文，但是陳三立有其政治抱負。陳三立出身於封建士大夫家庭，自幼年就受到傳統思想的薰陶，受父親的影響尤甚，「寶箴志節清挺，以好談經濟，有葉水心、陳同甫之風。三立既秉家學，少掇高科，志在用世。」光緒十二年（1886）丙戌，陳三立考中進士，被授予吏部主事，但不滿官場之陋習，未就，當時其父陳寶箴在湖南推行新政，於是輔佐其父。吳宗慈在《陳三立傳略》云：「時先生尊人右銘中丞，揚歷中外，有政聲。先生恒隨侍左右，多所贊畫……」文章針對朝廷的落後挨打局面，分析其原因，批評了「採囂陵之說，用矯誣之術」的做法。面對內憂外患的清季時局，陳三立有著其清醒的認識。對於西方列強的侵略和西方民主制度，一方面他對西方列強的侵略深惡痛絕，表現了其愛國的立場，並據此提出其主張；另一方面對西方民主制度有保持著理性的態度。《郭侍郎荔灣話別圖跋》可見一斑：

　　　　竊以處夷之道，求諸己而已矣。自修其政，自飾其俗，

內靖吾心，以與萬物相接，順而理之，有餘裕焉。奚有於處夷必然，曰：「夷也！夷也！」疑震其志而迷於其心，鼓其浮游之氣，以扇為習俗，若夷非可以人道際者，而一切別循術以禦之。禦之而小有效則以自喜，持之且益堅。及夷積不平而逞我，我復無以自立，夷且蹈隙而制我，我常為夷所制。向所欲束縛而馳驟之者，轉務為偷庸，渜沁惶怯，本末無其序，輕重顛倒，不准其宜，而夷禍日烈於天下。嗚呼！人心一日之不平，其召侮構亂及累世不止，勢之所趨，氣機之所倚伏，有固然者。此先生所為發憤流涕，不顧一世之毀譏，欲稍稍以爭救之者也。

從中可以看出陳三立處夷之道，也就是對待西方列強的態度：自強，「求諸己而已矣」。同時也提出了具體的方案：「自修其政，自飾其俗，內靖吾心，以與萬物相接，順而理之，有餘裕焉。」類似見解亦出現在其它序跋中，如《振綺堂叢書序》

吾觀國家一道德，同風俗，蓋二百餘年於滋矣。道咸之間，泰西諸國始大通互市，由是會約日密，使命往還，視七萬里之地，如履戶闥，然士大夫學術論議，亦以殊異。夫習其利害，極其情變，所以自鏡也。蔽者為之，溺而不返，放離聖法，因損其真。矯俗之士，至欲塞耳閉目，擯不復道。二者皆惑，非所謂明天地之際，通古今之變者也。君子之道，莫大乎擴一世之才，天涵地蓄，不竭於用；傲然而上遂，滂然而四達，統倫類，師萬物，而無失其宗。

　　陳三立主張對於西方不應該排斥，也不能盲目全盤輸入，求變以自強，又不失其宗，這種辯證而平和的態度是他與父親維新變法的思想根源，也可見陳三立博採眾長，兼融百家之胸襟。從其文集中還可以看到他對西方民主制度有著理性的認識，如在談到西方民主制度時他說：

　　　其論治頗喜稱民權，與余不合。余嘗觀泰西民權之制，創行千五六百年，互有得失。近世論者或傳其溢言，痛拒極詆，比之逆叛，誠未免稍失其真。然必謂決可驟行而無後災餘患，亦誰覆信之？彼其民權之所由興，大抵緣國大亂，暴君虐相迫促，國民逃死而自救，而非可高言於平世者也。然頃者吾畿輔之變，義和團之起，猥以一二人恣行胸臆之故，至驅呆豎頑童張空拳戰兩洲七八雄國，棄宗社，屠人民，莫之少恤。而以朝廷垂拱之明聖，亦且熟視而無如何，其專制為禍之烈，剖判以來，未嘗有也。余意民權之說，轉當萌芽其間，而並漸以維君權之敝。蓋天人相因，窮無復之之大勢備於此矣。

　　一方面肯定西方民主制度有其合理性的一面，同時也對其專制制度予以嚴厲的批判，這種理性的思辯和態度可以說是相容百家和博採眾長的影響和顯現。陳三立為了改變中國落後的現實，提出了改良的構想，尤其強調了人才的作用，認為人才之喪失是國家的悲哀，在《餘堯衢詩集序》云：

古今賢傑所遭，或往往有是。然顛倒舉錯，快所欲為，
馴致國家無復緩急可恃之才，俗壞政弛，日趨於危敗，所冀
倖挽於其初、或支拄於其際者，其人咸失四海之望，卒不可
收拾，徒使論世者扼腕太息，傷其摧殘善類，甘自取禍而莫
之省悟，寧非有國者之大戒耶？

再次，表現陳三立的文學主張。陳三立在序跋中表達對詩歌
和散文的看法。《餘堯衢詩集序》寫道：「吾輩保餘年，履劫運，
遂比叢燕集葦苕之表，姑及未墮折漂浮，啁啾相訴而已。其在
《詩》曰：心之憂矣，云如之何？詩者，寫憂之具也，故歐陽公
推言窮而後工，誠信而有征者。」《書善化瞿文慎公手寫詩卷後》
記道：「迨國驟變，大亂環起，四方人士暨生平相識親舊，類辟
地羈集滬上，三立與公亦先後俱至。居久之，無以遣煩憂，始糾
儕輩數十許人，時時聊為詩社。」陳三立提出了詩歌是寫憂的工
具的說法，繼承了中國詩歌一貫的「詩言志」的傳統。陳三立也
以自己的實際行動表達對時代國家的憂慮。他在散文的創作中也
時時談到作文不可脫離現實。《劉裴村衷聖齋文集序》中寫道：

　　自屍為新學之風尚熾，見諸文字，例當爭言政治，凡非
涉富強之術、縱橫之策，固皆視為無用之空文，覆甄之不
暇。然古先賢哲儒素聲香臭澤，類假而傳之，以漸漬於後死
者之心，蕩摩神識，綿絡運會，有在於是，而況君又為天下
後世尤所極哀之一人。

陳三立強調文學應當反映現實，承擔救世的責任。要「爭言政治」，「富強之術」、「縱橫之策」，才是有用之文，若非如此則被視為「無用之空文，覆瓿之不暇」。並以為古代的「先賢哲儒」能流芳後世正因為此，其文學經世致用的目的性明顯可見一斑。《黃子二十篇序》中對晚清以及民國的軍事現狀進行精闢入微地分析，展現其憂國憂民的情懷：

　　獨念中國倮然丁末運，當交侵之衝，為覬覦之的，而疆域之廣，人民之眾，絜彼此之情勢而衛其國，必當師所長而多為之備決矣。然而數十年之間，塗飾觀聽之為效何如耶？增一兵而負一兵之累，匪徒無益，而反有害者，日騰於竊笑者之口也。其故非一端，其弊非一日，無政無教，人才消乏，大本不立，張惶而圖之，勢且益蹙。乃預國聞者，猶貿然務竭舉國之力，剝膚剔髓，以給此無益反有害之兵為名高，徒使閭閻虛耗，海內洶洶，側目而視，萬政且隨之弛敗，無能自舉，國亦日困，而危亡愈速於眉睫，豈不痛哉？故居今日而言兵，直為辭費而已。譬治病者，洞見病在膏肓，非可驟藥而愈，寧先求慎起居，節飲食，姑去其近死之具者，而後議藥。由是推之，吾國最為近死之具者何？設置無益而反有害之兵是也。其道蓋在首除汰其似兵而非為兵者，徐以訓成其非兵而可為兵者，國不因所豢之兵而致不可救，庶幾黃子之言乃有所麗而施，而或睹其效。

該序寫於一九一七年三月，此時中國正處於軍閥混戰時期，

該序分析了中國所處時期的特殊性和軍隊的重要性和緊迫性，然而軍隊不但不能挽救民族危亡，反成為國家的負擔，「增一兵而負一兵之累，匪徒無益，而反有害者，日騰於竊笑者之口也。」陳三立論述了這種現象產生的緣起並陳述了其個人的解決方案。文章對現實的困境的剖析不乏精到之處，可見作者對時代處境社會困境的用心。

陳三立的文學觀雖然沒有專門的著作，但在他的這類散文中散見較多。除了上述的主要文學創作觀，陳三立的文學觀還很豐富，如：要求文學要有合乎實際的真實內容，需要是發自內心的真情實感，如此之文才會「不敝」，方可流傳於世。又如，要求作家既要學習古人，不能抹殺甚至誣衊古人的觀點，又要不喪失表達自己實際的真實懷抱的勇氣，並對「類曹好曹，惡異同攻尚之習」予以批評。對於一些文學現象，陳三立也給予了關注，如《十六觀齋遺集序》中論駢散之爭：

> 《離騷》興，景宋之徒遂踵為詞賦，及漢而大盛，六代沿流稍靡矣。唐以降歧而為駢文散文，殊轍異軌，不可合，並所為賦變而益遠。我朝承宋明續而張之，駢文散文自名家者頗林立，駢文家類習為賦，散文家或屏而不為。然駢文家號能追為漢賦者，僅張氏皋文、董氏方立、王氏壬父而已。散文家雖專其所守，而姚氏惜抱、張氏廉卿輒兢兢推隆漢賦，曾文正且假漢賦之氣體以美其文，則知通其趣而相為用，亦古今作者得失之林也。

第六篇・近代江西古文

663

駢散之爭是清代中後期文學界的一個重要話題，該序中表明了陳三立的散文史觀，追本溯源，以為辭賦是駢文和散文的源頭，論述了辭賦的發展史。

第三節 ▶ 傳記墓銘文

人物傳記及傳記性的墓碑、銘文，在陳三立的文集中數量最多，占了其文集的大多數，是其散文創作的一個重點。在這些傳記中既有社會生活大事件的再現，也有日常生活側面的描述，藉以表現主人公的事蹟和性格特徵；既飽含了作者對傳主的熱情歌頌，也寄寓了其對當時社會的批判，還表達了政治理想。因此陳三立的傳記具有較高的歷史史料價值，既是瞭解清季和民國時期的政治、社會等方面的現狀，也是瞭解和研究陳氏家族不可多得的史料。因此傳記類散文在散原的古文創作中意義非凡。

陳氏的傳記文內容很豐富。從類型來說包括一般傳記、家傳、行狀、墓誌銘、墓表、神道碑、墓褐表、哀祭文等。從寫作對象來看，有文臣武將、普通官吏，也有高士名流、學者，有中下層不知名的小人物，當然還有親朋好友等。從文章的標題看基本都予以傳、或書、或狀、或祭、或銘等字眼。在這些看似公文式的文章中具有一定的思想性和文學性，下面就其特點試述之。

首先，為懷才不遇者立傳，表達作者的深切憐惜之情。《隆觀易傳》為有才華卻不被重用英年早逝的隆觀易立傳。該文文字簡短，但對隆觀易生平事蹟進行了簡潔敘寫：他先為曾國藩賞識，但因與里豪相爭入獄，雖在詩歌方面也頗有造詣，卻未能為

更事已久的左宗棠所重用，最終鬱鬱而終。隆觀易任俠而自負，有才卻未能施展簡短的一生盡在文中。文章在敘述中流露出對隆觀易才華的肯定和無法展現抱負的同情。陳三立著重描寫了其性格的轉變：「觀易少負氣跅弛，喜言大略，議論踔厲縱橫，機牙四應，無不人人絀伏，後更摧挫抑斂，恂恂如處子。人有稱譽之，則皇恐引避；或毀之者，必謝過曰：『死罪，誠如公言。』終不復辨。」文章著重比較了前後期的隆觀易，其性格的迥異正是坎坷人生風蝕出的結果。作者有意在結尾對隆觀易一生進行精闢概括和總結，寄寓了自己深深的惋惜與不平之情。

《羅正誼傳》描寫了一位官吏的一生遭遇既通儒家學說，亦熟諳邊境及國外人文地理並有相關策略但卻未能被採用。作者感慨「正誼以文儒後進，不得與謀，議無所發舒」。傳末對羅正誼的蓋棺論定中，還與莊子、《論語》的觀點相對照：

> 論曰：正誼恂恂佔畢，被服儒者，及馳觀域外，奮其私議與緘袚相上下，信有不得已者邪。莊周有言：『六合之外，存而不論』。正誼之取憎當世有以哉。然而掘其中情，憤悱不廢，厥為志士。負聲藩翰之望，飄魂毒淫之嶠。語曰：『死生有命，富貴在天』。術者誤我之言，可為流涕也。

引經據典後面寄寓了作者的深切情感和深刻思考，富有極強的感情色彩。黃濬評價陳三立《羅正誼傳》一文道：「此文敘次簡明，其結語尤悲雋有味。所述南洋形勢，雖今不足為征，而志節要不可湮沒。乃正誼師法西人之言，聞者皆駭怪卻步，則無怪

外交之日挫日弛。至勇於任事者，既以謗毀，尤無怪放言高論者
日不謀根本之計，而亟亟於孤注一擲矣。」散原為失職貧士作
傳，源於他對人才不能盡施懷抱的遺憾，在他的《畸人傳》小序
中交代了做此類傳的緣起：

> 夫天有五氣，地有五材，人有五性。陰陽不同德，剛柔
> 不同位。故古之治道術者眾矣，皆閎才異智，各有所明，莫
> 能相一，非一世也。自學者是其所習，蔽所不見，於是瑰瑋
> 倜儻之士，往往伏匿。悲夫！孔子曰：『不得中行而與之，
> 必有狂狷乎？』莊周曰：『天之小人，人之君子；人之君
> 子，天之小人。』余於師友聞見之間，蓋得數人焉。跡其言
> 行，時雖若不經，要自卓犖不汙於流俗，有足觀者，次之為
> 《畸人傳》。

「瑰瑋倜儻之士，往往伏匿」之語，足見陳三立筆下傳主與
世俗格格不入，超俗的、非凡的獨特。文章流露出陳三立對人才
不能盡施懷抱的惋惜之情。

其次，為中下層普通人物立傳，顯現陳三立對傳統倫理觀念
的看法，這一類大多以書命名。《書晏孝子》記載了晏孝子割自
己的肝餵母而死的重孝故事，陳三立批評了晏孝子的愚蠢的孝順
行為：「陳三立曰：忠孝之行，貞於其心，繁曲百變而將之。古
今割臂股及肝療母事尚矣，類皆計無復之，不惜殺身以存其親，
猶曰傷道而不可訓焉。」指出晏孝子的行為是愚蠢的，不值得效
仿。《書龔童子》記述了龔童子救姬的故事。《書趙童子》寫趙

童子的忠義孝順。《書長沙傭婦》寫墉婦識大體，且賢而知義，出言有章。《書張貞女》記述了張貞女的貞烈事蹟，論述過程中大膽評騭前人。在這些文章中所涉及的均是普通百姓家的事情。陳三立為這些傳主立傳可見其對傳統倫理的默認，打上了舊有知識份子保守的烙印，但他又不完全認同，又可見其思想的之開明。

再次，為家人立傳，表達作者對親人的深切哀悼之情。陳三立對家人有著深深的眷念之情，在對已故親人的悼念文中很充分地顯示了其散文的抒情性和感染力。在所有的此類文章中，寫給亡妻的感人至深。《故妻羅孺人狀》敘述了羅孺人的身世及其與陳三立家庭成員的相處。該文運用細節描寫來表現人物性格，通過選取生活中的瑣碎細節真實地展示傳主的情性人格，抒寫了悼念亡妻的哀痛之情：

> 然務規余過，言皆懇切。余嘗醉後感時事，譏議得失輒自負，詆諸公貴人，自以才識當出諸公貴人上。入輒與孺人言之，孺人愀然曰：「有務為大言對妻子者邪？」余為面慚不能答。然酒酣耳熱，中鬱發憤，復不禁往往為孺人言之也。

在瑣碎的家常訴說中，融注了作者對宦海人生的感歎，句句是情，悽楚動人，情感表現的真摯自然，富於蘊藉。文章最後一段議論表現了羅孺人的心純仁孝品質。《故妻羅孺人哀祭文》寫給亡妻的哀祭文，真摯動人，情真語悲，感情激越，深深地表現

了對亡妻的一片追念哀痛心情：

> 伊君在喪，淮穎之濱。十月既望，霜露繁凝。日暗風號，駭波千尺。親懿哀呼，截腸碎魄。回橈遵渚，及昏而斂。天人蕭寥，江空雲眩。有兒在乳，其兄五齡。莫君於棺，伏涕失聲。觀者沾襦，船人雨泣。母誑止兒，偲然以立。嗚呼已矣！餘命之屯。窈窕山川，纏恨壘胸。舷音荒忽，掬彼汴流。疾走夷門，載輿於舟。嘶馬識途，雷音箭激。與君死別，生又何說。修渠清淺，影邁魂征。弭楫朱仙，喪車曳塵。廣漠周原，驊騮擁路。星轉風驅，伶俜恐怖。歲深雪滿，增冰峨峨。黃沙渺彌，限君於河。余時北渡，涕洟嵌集。騁眺佇思，儻假羽翼。朔日維吉，靈風引帆。鹵簿在郊，以迎輕棺。蕭寺城隈，佛場幽曠。沁流拱環，大行右轉。納於殯宮，賓朋戾止。魂兮歸來，風沙千里。惟君淑好，痛久逾新。十日衙齋，謦咳淒清。母病而呻，疇偕侍側。兒嗔而啼，疇顧疇恤。皚皚嚴宵，霜階月上。涉目虛無，構君魂狀。錦襲角枕，君儼由房。含娣款言，攬引襦裳。瞿然顧呼，日光漏戶。鵲噪鴉飛，已失君處。吊影幽居，盛年梢落。被酒佯狂，恣為嘲謔。孰穗餘悲，君也則亡。淚竭精枯，曷日而忘？營齋就終，曰侑飲食。申哀累辭，訊究冥極。

　　該文作於光緒六年十月，通篇是發自肺腑的真情訴說，情切思哀，語語淒絕，感人至深。

在寫給親人的悼念文中，《長男衡恪狀》是為其元妻羅孺人所生子陳衡恪而寫，文中記述了陳三立家族中成員的相繼去世，「嗟呼！死生相保之歲月同盡矣。湖漪岩靄間，徒出遊魂支皮骨，遭而偷娛斯須耳。天窮無告，慘慘終古，果孰為余之死所哉？」可以想見其沉痛的悲傷之情。《先府君行狀》、《誥封一品夫人先妣黃夫人行狀》是陳三立為父母而寫。特別是《先府君行狀》詳實地敘述了其父陳寶箴一生的為官履跡、政績和最終被革職，是研究陳寶箴的重要資料。文章中具有極強的藝術感染力，這也是散原散文的共同特色，正如歐陽漸所評：「夫散原者，固古之性情肝膽中人，始終一純潔之質者也。」陳三立一方面按照傳統格式記載傳主的姓名、生卒、經歷、事蹟等，另一方面也抒寫宣洩了自己的情感和思考，文章打上了作者個人的情感色彩，產生了許多情文並茂的文章。如：

　　自君不幸而早死，鬱鬱誰語？精荒惚若有亡，感天道之茫茫，睨士趣之彌戾，益使余心腐氣絕，佗傺頹放，一往而不反。嗚呼！其非以君死之故耶？（《南昌熊季廉墓誌銘》）
　　嗚呼！才力幸有補於時，文章冀有傳於後，寧可復得於吾黨耶？然其所負大志，與所期古人道術學業，不得不悲其同為無成。況以余之蹉跎溳落，更延此大亂相尋之世，居無徒，倡無和，後死孤立，益自悲也。（《誥授榮祿大夫署浙江布政使寧紹台兵備道喻君墓誌銘》）

文中簡短幾筆，表現出作者無限惋惜，令人黯然淚下。由對

傳主的歎息轉而對世事的感概，文章具有更深廣的時代意義和歷史價值。

縱觀陳三立的散文創作，其風格可以大體歸納為：「清醇雅健，格嚴氣遒」，恣肆奇峻，沉鬱感傷。徐一士《一士類稿》「談陳三立」評價說：「其文亦清醇雅健，格嚴氣遒，頗守桐城派之戒律，而能自抒所得，弗為桐城派所囿，蔚成散原之文。」宋慈抱《陳三立傳》云：「文亦蘊藉雅正，近桐城而不為桐城所域。」以上評論對散原風格均予以高度評價，對其成因也作出了探尋，很是中肯。

陳三立散文創作對近代古文的發展也影響較大。陳衍認為：「陳散原文勝於詩」。陳柱以為：「三立尤高才老壽，以詩文名海內，世多稱其詩，吾以為文更勝於詩也。」以上二者認為陳三立的古文成就高於詩歌。儘管從近代研究成果來看，人們對陳三立的關注要多於散文，但是散原的古文對近代的古文產生了很大影響。具體而言可以歸納為：

首先，陳三立其文頗有根底。年輕時文名已為時人所傳誦，李肖聃《星廬筆記》云：「伯嚴自弱歲名能古文，光緒元年序《魯通甫集》，年才二十，文已斐然。」《郭嵩燾日記》光緒六年（1880）四月十七日記道：「閱陳三立、朱文通（次江）所撰古文各一卷。次江筆力簡括，而不如陳君根底深厚……」

其次，陳三立的古文獲得了不少人的高度評價。宋慈抱《陳三立傳》云：「公卿刻石墓誌，往往以金帛購之。」吳宗慈《廬山志·歷代詩存·陳三立識語》曰：「先生之文，金石銘志，早已光燭四裔，其不拘拘於桐城，亦正如其詩之不可囿於雙井也。

承學之士，自能辨之。際茲世風板蕩，俗學澆漓，幸碩果僅存，皭然一老，為群流仰止，不獨為吾鄉耆獻之光，其高躅靈襟，亦鎮自與名山同垂不朽也。」 李漁叔《魚千里齋隨筆》謂：「及戊戌政變後，中丞被議，散原亦落職，自是乃專以文章名世矣。……至其文章，尤為奇偉，銘幽之文，韻語直承昌黎法乳，當時無與抗手……。」李詳《藥裏慵談》寫道：「余亡友泰州袁君衎，往自天津回，矜言於余，方今能為詩古文者，義寧陳君是也。」

近代其他作家的古文創作

近代江西作家的古文創作成就不一，各有千秋，下面擇其重點述之。

一、黃爵滋

黃爵滋（1793-1853）字德成，號樹齋，宜黃人。道光三年（1823）進士，改庶起士，授翰林散館編修。歷充江南鄉試正考官。擢御史，遇事敢言，無所回避，升至刑部侍郎。鴉片戰爭失敗後落職。晚年在南昌主講豫章、經訓書院。咸豐三年病逝於京師。在近代江西歷史上，黃爵滋是個難得的雄才大略之士。他與龔自珍、魏源等提倡經世致用之學，力主刷新吏治，掃貪汙，禁鴉片，禦外敵，以直諫稱譽於世。黃爵滋生平著作甚豐。有《黃少司寇奏疏》、《仙屏書屋詩集》、《仙屏書屋文錄》等。

黃爵滋詩文兼工，文章以政論文見長，也寫有序、記、書等，還有部分遊記。他的政論文很好地體現了經世致用的特點。道光十五年（1835），黃爵滋向朝廷上《敬陳六事疏》，主張刷新吏治，反對貪汙，廣開賢路，破格舉才，提倡用人須「試之有用之學，非文士所能濫竽；錄其有用之才，雖布衣猶當推轂」。

極力要求改革科舉制度，提出「不試以詩賦，而試以策論，其通經史而適於時務者，量才用之」。道光十八年（1838），黃爵滋又呈《嚴塞漏巵以培國本》疏，請皇上批准一年期限戒煙（鴉片），逾期仍吸食者，平民處死刑，官吏加等治罪，子孫不得應試。其嚴禁鴉片，重治服食之主張，切中時弊，得到林則徐、陶澍等人的支持，為道光所讚賞。黃爵滋還認識到鴉片從沿海流入，深感海疆防禦廢馳散亂問題之嚴重，力主建立強固的海疆，以「杜外夷之窺伺，扼鴉片之販運。」黃爵滋曾先後兩次親赴福建，講解戰守方略，向道光帝進獻《海防圖表》，成為歷史上與林則徐齊名的禁煙名臣。黃爵滋的政論文還具有強烈的思辨性和嚴密的邏輯性，很有說服力。如《知縣論》：

　　今夫一官之利，孰與夫一縣之利，一官之害，孰與夫一縣之害。然則害一官以利一縣，為之可也，況乎其未必害也；然則利一官以害一縣，不可為也，況乎其未必利也。故知縣者，患不知耳，知其有必興之利，有必除之害，雖明日去之，今日行之可也。雖然，欲明利害，先辨理欲，理欲分而善惡判矣。

　　文章先論一縣之官與一縣之民之關係。官民之間的利與害、是與非、善與惡，在短短的一段文字中分析得細緻、透闢，為後文闡明觀點奠定基礎。文章緊接寫道：

　　夫縣官者，民之父母也。天下有愛子之父母，無傷子之

父母。今或嫉之若仇敵，或慢之若奴隸，或刈之若菅蒯，或躪之若禽獸。強而傷之，以至於殘；懦而傷年之，以至於忍；激而傷之，以至於裂；玩而傷之，以至於潰。

文章嚴厲指出現縣官不但未盡本來之能事，相反卻是百般欺辱百姓。文字犀利，筆鋒辛辣，直指問題的實質。更加可貴的是，作者還正面指出了為官之正道：

今日之官，昔日之士也……是故今日之官，仍取昔日為士時所善於其縣之官者而法之，且思其所以善者，則過半矣，其不善者戒之，而思其所以不善者，則又過半矣。是故勤思則理通，理通則欲絕，欲絕則智生，智生則勇出，勇出則事行，事行則政立。

作者認為為官之道最根本的一點是絕私欲。唯有杜絕私欲才能從善，才會明達事理，才能處事不偏不倚，合乎大道，順應百姓的心願，政務才能立。像類似針對晚清官僚腐敗無能而寫的文章有很多，如《弭盜論》、《漢宋學術定論論》等。黃爵滋的書信文也多關注時事，直接陳述禁煙抗敵計略，如《與揚威將軍書》就是針對抗擊英軍加強海防而寫的。文中強調要從大局出發，通盤考慮：「……枝枝節節為之，雖有小效，何補大局！天下雖大，亦安得此不竭之府，為有損無益之用哉！」

黃爵滋的散文中山水遊記與其他人的山水遊記不同，不僅限於山水風光的描寫，作者往往在山水的描寫中寓含人的特質。如

代表作《登祝融峰遊記》：

> 山水如朋友遇合之緣，蓋亦有數。……於是九霄虛靜，
> 六合夷曠，三湘九疑，噓吸無際，方凝睇間，則林莽坌湧，
> 澗谷驟失，波濤重疊，勢與胸平。山或出一角，露一脊，如
> 水中奇獸騰躍，僅隱隱可辨。所坐石若動搖，作泛舟狀。

作者以山寓人，全文由此而出。著重刻畫出山中陰、晴、
雲、霧一時千變萬化的自然景色及其給遊人帶來的心理感受，在
這種變化中又突出雲動給山峰及帶來的動感。寫陰霧過去、太陽
復出後雲霧的千變萬化，使人如入夢幻。黃爵滋的遊記善於營造
「化境」，與他的文論有很大關係。他在《仙屏書屋文錄自序》
中就說：

> 物窮則變，變則通，通則久。文亦物也。……周秦之
> 文，變為兩漢；兩漢之文，變為魏晉；魏晉之文，變為齊
> 梁；齊梁之文，變為唐宋八家；八家之外則無文焉。

字裡行間強調了動與變。在文與體的關係上他還主張「文無
定體，求其一是」。在文與道的關係上也堅持「文以載道」，文
變道不變。

二、黃為基

黃為基（1884-1915）筆名遠生，德化（今九江）人，生於

「文彩秀發」的書香門第之家。光緒二十九年舉人，次年成進士。授知縣，辭而不就，卻赴日留學，後來投身報界，先後任《申報》、《時報》、《東方日報》、《少年中國》、《庸言》、《東方雜誌》、《論衡》、《國民公報》等報刊特派記者、主編和撰述。成為「中國第一個真正現代意義上的記者」。袁世凱籌備稱帝期間，聘他擔任御用報紙《亞細亞日報》上海版總撰述，他堅辭不就，並在上海各報刊登《黃遠生反對帝制並辭去袁系報紙聘約啟事》以示決絕。一九一五年冬赴美訪問。同年十二月二十五日晚，在三藩市被人刺殺身亡。其友人將其文章編為《遠生遺著》四卷出版。

黃遠生通訊報導在新聞界廣受盛讚，被譽為「新聞界三傑」，以「能想」、「能奔走」、「能聽」、「能寫」的「四能」記者自勉，文字流利、暢達、幽默，深受讀者歡迎。所寫《官迷論》、《三日觀天記》、《外交部之廚子》、《北京之新年》等通訊，對民國初年政局的黑暗和新官僚們的醜態，作了忠實的記錄和辛辣的嘲諷。黃為基在自己開始新文體嘗試的開場白中敬告讀者：「吾此後所謂新聞者，不必盡為朝章國故也。市井瑣屑，街談巷議，皆一一作新聞觀，此在日報中實為創格。」胡適《五十年來中國之文學》把黃遠生推為新文學發「先聲」的人物。

在文藝思想上，黃為基突破了幾千年的傳統因襲，反對傳統舊戲的「千劇一律」，反對小說的舊套，諸如妖魔鬼怪，狀元宰相，團結團圓等，主張對我國文學進行一場革命，正如他在《懺悔錄》一文中指出，「今日無論何等方面，自以改革為第一要義」，要改革國家，則必須改造社會，而欲改造社會，最終必須

「改造個人」。他提倡西方自然主義與寫實主義，並預言白話文終將代替文言文。黃遠生早期作品，文筆典重深厚，漢魏風骨。進入報界後，文風的變化很大，多用通俗文言寫作，文辭流暢，筆鋒犀利，莊諧並舉，敘議風生，頗具戰鬥力。除主張文學革新外，他在我國近代文學史上主要的貢獻是通訊和政論文。黃遠生的政論文不僅內容豐富，而且反映的生活面極為廣泛，政治、經濟、文化、軍事乃至外交、黨派之爭均有所涉及。如《遊民政治》：

> 以革命之目的，本在除去貪官汙吏，即一切之為盜為丐者；而今則為官僚之侵蝕如故，地方之荼毒如故，且有發生一種政客階級，尤為不驢不馬，不盜不丐，法紀蕩然，風俗凋敝故也。革命之目的，豈徒曰去皇帝而代以大總統……然吾視今日之現象，不過將晚清末年奔競豪侈之習，與東京留學生會館放縱暴亂之狀態，謄摹一副寫本，而即為今日之現象。

文章揭露民國初年的政治黑暗，直言不諱地指出官僚的腐敗，法律虛設，風俗敗壞，甚至把矛頭指向袁世凱，揭露其倒行逆施，表裡不一，揭露大總統的本質。

對於社會最大的醜聞假民主真復辟，黃為基充分表現出一個新聞人的正義和敏銳。他直言不諱，直指問題的本質。《最近在之袁總統》直戳其痛，稱其為「大野心家」，認為其所做「有損於己，無益於國之事」，並且譴責袁世凱：「政局之日趨於險惡

者，非他人為之，乃袁總統之自為之也。彼等及今而不改此度者，則吾國命運可以二言定之，蓋瓦解於前清而魚爛於袁總統而已。」（《政局之險惡》）又在《少年中國之自白》中稱袁世凱及其左右是社會善日少而惡日多的根本原因：「大抵袁總統之為人，並非不可與為善之人，然自其授政以來，則善日少而惡日多者，此由於其本身之原因者半，由於其左右及政黨政客之原因者亦半。」作者從多角度、多側面對袁世凱進行揭露與批判，不愧是一個無畏英勇、膽識卓越的政論家。黃為基著名的政論文還有《平民之貴族奴隸之平民》、《新年所感》、《官迷論》、《正告袁總統》、《一年以來政局之真相》、《國人之公毒》、《新舊思想之衝突》等。其政論文不僅目光敏銳，批判深刻，議論精闢，文筆犀利，而且文辭流暢，幽默風趣。黃為基的通訊也有很強的文學性，除了紀實外，還頗具諷刺意味，如《外交部的廚子》、《楊士琦：電影中之交通總長》等。《外交部的廚子》一文共五節，幽默辛辣：

> 外交部之廚，暴殄既多，酒肉皆臭。於是廚子乃畜大狗數十匹於外務部中而豢養之。部外之狗，乃群由大院出入，縱橫滿道，狺狺不絕。而大堂廊署之間，遂為群狗交合之地。故京人常語謂外交部為「狗窯子」。「窯子」，京中語謂妓院也。

文中的狗極具諷刺意味，含沙射影，展現了在外交部這個舞臺上演繹著的醜惡現象。對其中的角色，作者給予了揭示，對其

奢侈和淫逸以及飛揚跋扈深惡痛決。

黃為基的新聞對時事焦點、社會敏感事件予以格外地關注，比如袁世凱及其官僚政客們賣國求榮的向六國銀行借款事件，就先後寫了十餘篇報導。如《大借款波折詳記》、《借款裡面之秘密》、《借款內脈之解剖》、《借款交涉之七零八落》、《最後借款之命運》等。又如對革命黨人被殺的事件進行詳盡報導，《張振武案始末記》、《張振武案一禮拜之經過》、《張振武案之研究》等對張振武被害進行多角度所層次地報導。立場鮮明，是非分明，富有強烈的戰鬥性，同時又具有文字暢達，雅俗共賞，詼諧成趣。無怪乎黃天鵬說：「自遠生出，而新聞通訊放一異彩……為報界創一新局面。」

三、陳熾

陳熾（1855-1900），原名家瑤，字次亮，晚號瑤林館主，瑞金人，清末維新派。光緒八年舉人，歷任戶部郎中、刑部章京、軍機處章京。曾遍遊沿海各商埠，並考察香港、澳門，「留心天下利病」，深研經濟學，主張學習西方以求自強。主張廢除專制，設立議院，保護關稅，發展商業，建立機器工業體制，達到復國復民。著有《庸書》、《續富國策》等。一八九八年維新變法失敗，抑鬱不得志，次年憂憤而死。

光緒十九年（1893 年），陳熾在為鄭觀應《盛世危言》作序，並自撰《庸書》內外百篇，疾舊制之弊，言改革之宜。倡言「核名實，明政刑，興教養」，設報館、辦學校、興工商；提出中國應自訂稅則，認為稅司乃「利權所在」，不能「永畀諸異國

之人者」。主張仿西方資本主義國家的議院制,「合君民為一體,通上下為一心……」以「強兵富國」。一八九五年與康有為在北京組織強學會,被推為提調,並有正董、總董之名,力主變法,受翁同龢賞識。翌年八月,《時務報》創辦,為京師代收捐款者。

陳熾的文學成就主要在散文,尤其是政論文。他與馮桂芳、王韜、薛福成、馬建忠等形成後期經世派作家群。較龔自珍、魏源、林則徐、黃爵滋、包世臣等前期經世派作家群而言,陳熾更注重學習西方,力圖學習西方科學與民主思想來解決中國的問題。陳熾的政論文,以宣傳變法為宗旨,將西方政教、科學理論與中國實際問題結合論證,言之成理。在《議院》中作者開篇就指出君民一體,上下一心是富國強兵的重要社會基礎與根源之一。作者主張「君民共主之國」,設立上下議院,「院之或開或散有定期,事之或行或止有定論,人之或賢或否有定評。」文中可見陳熾主張學習西方的政治理念,提倡議院,民主治國方案。

陳熾為文具有鮮明的經世色彩,在《續富國策自敘》中明確指出為文之初衷就是為救中國之貧弱,還專門作了一批政論文,在這些政論文中每一篇都提出了一項主張與策略。如《勸工強國說》、《光學電學說》、《創立商都說》、《維持礦政說》以及《種樹富民說》等。在這些文章中提倡西方先進的技術,科學知識,強調商業等實用政策,以提高中國的國民素質。陳熾的文章以新的理念、新的意境、形成了新的文風,文章質樸,明白曉暢,條分縷析,說理透徹。其古文意境具有很強現代氣息了。

總之,隨著西學東漸,近代散文作家的散文創作經世思想越

來越強，思想逐漸遠離古文的傳統主題，其創作形式應經世的需要，也逐漸走向明白、暢曉、通俗地。古代散文也逐漸成為歷史了，然而其曾經的輝煌在古典文學發展史上仍熠熠生輝。

江西文庫 A0701B03

贛文化通典（古文卷） 第三冊

主　　編	鄭克強
版權策畫	李　鋒
責任編輯	林以邠

發 行 人	陳滿銘
總 經 理	梁錦興
總 編 輯	陳滿銘
副總編輯	張晏瑞
編 輯 所	萬卷樓圖書股份有限公司
排　　版	菩薩蠻數位文化有限公司
印　　刷	維中科技有限公司
封面設計	菩薩蠻數位文化有限公司

出　　版	昌明文化有限公司

桃園市龜山區中原街 32 號

電話 (02)23216565

發　　行	萬卷樓圖書股份有限公司

臺北市羅斯福路二段 41 號 6 樓之 3

電話 (02)23216565

傳真 (02)23218698

電郵 SERVICE@WANJUAN.COM.TW

大陸經銷　廈門外圖臺灣書店有限公司

　電郵 JKB188@188.COM

ISBN 978-986-496-340-9

2018 年 1 月初版

定價：新臺幣 320 元

如何購買本書：

1. 轉帳購書，請透過以下帳戶

　合作金庫銀行 古亭分行

　戶名：萬卷樓圖書股份有限公司

　帳號：0877717092596

2. 網路購書，請透過萬卷樓網站

　網址 WWW.WANJUAN.COM.TW

大量購書，請直接聯繫我們，將有專人為您

服務。客服：(02)23216565 分機 610

如有缺頁、破損或裝訂錯誤，請寄回更換

國家圖書館出版品預行編目資料

贛文化通典. 古文卷 / 鄭克強主編. -- 初版.
-- 桃園市 ： 昌明文化出版 ；臺北市 ： 萬卷
樓發行, 2018.01

　冊 ；　公分

ISBN 978-986-496-340-9 (第三冊 ： 平裝). --

1.古文 2.文學評論

672.408　　　　　　　　　　107002003

本著作物經廈門墨客知識產權代理有限公司代理，由江西人民出版社授權萬卷樓圖書
股份有限公司出版、發行中文繁體字版版權。

本書為金門大學華語文學系產學合作成果。　　　　校對：陳裕萱